弱點那麼多，要是拿槍射擊目標，
子彈幾乎可以顆顆打中！

原野　編著

鎖在
內心小房間

久了都不知道自己有多廢！

拒絕懶惰×剷除自卑×拔掉嫉妒，
狙擊人性弱點，發光發熱不再遮遮掩掩

想要成為不平凡的人，現在就矯正你的心態。
超越人性的弱點，讓看不起你的人閉嘴！

目錄

目錄

第六章　嫉妒如火，傷人害己

第七章　不抱怨的世界

目錄 ━━━━━━━━━━━━━━━━━━━━━━━━━━

第十一章　克服自大，低調處世

第十二章　克服浮躁，練就定力和耐力

前言

　　翻閱無數成功人士的奮鬥經歷不難發現：他們成功的過程，恰恰是克服自身弱點的過程。超越自身弱點的人才能擁有世界！亞歷山大（Alexander the Great）、拿破崙（Napoléon Buonaparte）因身材矮小而一度自卑，可最終他們戰勝自己，在政治上獲得輝煌成就；蘇格拉底（Socrates）、伏爾泰（Voltaire）曾經為失敗自暴自棄，可後來他們走出低谷，在學術領域大放光芒；亞佛烈德・希區考克（Alfred Hitchcock）和卡夫卡（Franz Kafka）經常要和懦弱焦慮的性格特點做鬥爭，最後他們都找到了最適合自己的方向，摘取了電影和文學藝術殿堂上的桂冠。

　　實際上，成功的唯一敵人就是你自己。要想改變命運，首先得超越自身的弱點，戰勝根深蒂固的人性弱點 —— 這是本書的論點立意所在。其實，每個人都有自己的弱點，虛榮、自我、貪婪、懶惰、自卑、膽怯等，這些弱點是我們最大的敵人。

　　我們都有這樣的常識，當我們對著大山大喊「我恨你」時，山谷也會傳來回應「我恨你」。而如果我們對著大山喊「我愛你」，那麼山谷也會對著我們喊「我愛你」。弱點也是如此，如果我們仇視他，那麼她也會仇視我們，進而為我

前言

們設限，相反，我們如果能夠積極面對它，它就會對著我們微笑。

更進一步說，弱點誰都有，只是人們的態度決定了自己的成敗。負面的人，永遠跳脫不出自身弱點的狹小圈子，消極等待死亡，為弱點找藉口；正向的人，將視野放大，認真地審視弱點，將其轉化為對自己有利的優點。

任何人只要願意控制自己的弱點，願意接受正面的心態，就能把最弱點轉為最強點，讓自己向完美更進一步。積極向上的信仰、深刻的理解和無私的奉獻將會為我們開啟另一扇人生之門。我們不僅會精力充沛，可以應付各種問題，還有足夠的餘力和遠見，不僅對自己，還會對許多人產生建設性的影響。

心靈的強大才是真正的強大。祝願所有的讀者都能透過閱讀本書，讓自己的內心更加豐盈。

編者

第一章
戰勝弱點，掌控命運

一個人事業成功，往往不是因為他做對的多，而是因為他做錯的少。就像武林高手比武，比的不是誰更會打，而是誰的破綻少。每個人都有自己的弱點，虛榮、自我、貪婪、懶惰、自卑、膽怯等，這些弱點如同一塊塊最短的板子，遵循「木桶定律」影響著你成就的多寡。

「大多數人想改造這個世界，卻極少有人想改造自己。」偉大睿智的列夫·托爾斯泰（Leo Tolstoy）如是說：「一場巨大的成功，有時會得益於人性弱點的一次超越，這種超越就源自於優良品性的培養和拙劣品性的揚棄。」

超越弱點，掌控命運。人性的弱點雖然從小伴隨著你，但也具有可塑性，並不是「江山易改，本性難移」，只要你正確認識到人性弱點對自己的危害，並用心去改變，你一定會成功的。

從「木桶定律」談起

在經濟學、管理學上有一個著名的「木桶定律」：一個木桶能盛多少水，並不取決於最長的那塊木板，而是取決於最短的那塊木板。因此，而要想提高木桶的容量，就應該設法加高最短的那塊木板的高度，這是最有效也是唯一的途徑。

木桶定律是來自生活中的經驗，樸素的道理中凝結著人類智慧的結晶。劣勢決定優勢，劣勢決定生死。有些人也許不知道木桶定律，但都知道「一票否決」或「一顆老鼠屎壞

了一鍋粥」。木桶定律在很多領域都適用，具體到人性弱點上，可以理解為某個人性的弱點，很可能會導致其他優點黯然失色，並造成非常惡劣的後果。

如三國的關羽，一生經歷無數戰鬥，贏得眾人的讚美。虛榮讓他越來越自負，老覺得自己智勇雙全無人匹敵。這個弱點被東吳的陸遜所利用，在荊州一戰中，這個23歲的青年才俊不停以卑下的言辭寫信吹捧關羽。關羽收到陸遜吹捧自己的信後，更加得意洋洋，對東吳軍隊完全喪失警惕。終於，吳軍白衣渡江，兵不血刃地輕取荊州。關羽無奈之下西走麥城。最終，在麥城的突圍中，五十八歲的關羽和其子關興一同被俘，慘遭殺害。

讓我們將目光投向那遙遠的秦末亂世。亂世中，有兩位人物不得不提，一是項羽，一是劉邦。與劉邦相比，項羽不僅出身名門，而且武功高強。但正是這個藝高膽大的貴族之後，卻被出身白屋的流民劉邦所敗。

縱觀西楚霸王項羽跌宕輝煌的一生：生逢亂世，相機而起；勇冠三軍，叱吒風雲；引兵北上，逐鹿中原；問鼎咸陽，裂土封王……曾一度左右過歷史的進程，最終卻因他自身難以克服的人性弱點釀就了他的人生悲劇。隨著烏江渡口的那一道長劍血光，項羽的悲劇命運劃上了一個令人遺憾的句號。「生當作人傑，死亦為鬼雄；至今思項羽，不肯過江東。」李清照在她的《夏日絕句》這樣憑弔西楚霸王。

項羽的人性弱點很多，其中，自負是其中最顯著的一個。項羽門下的得力將領和謀士很少（只有范增一人），正是因為項羽的自負。謀士提出了好的計謀，項羽鮮有採納。韓信是一個智勇雙全的良將，只因一腔抱負無從實現而黯然離去。謀士范增最終也只得憤然離開。這下，項羽終於徹底成了孤家寡人了。

　　卡內基（Dale Carnegie）說：「人性的弱點極容易把人引入盲道。」歷史是無情的，卻又是公正的，它在給前人以教訓的同時，總是給後人以無限的啟示。站在歷史的長河邊，面對項羽、關羽的人生悲劇，我們應該三思。

　　人的弱點有很多。貪婪、恐懼、猶豫、僥倖心理、過於自信等都是普遍人性弱點。我們每個人對自己的弱點絕不能低估，對自己的能力絕不能高估，每一次失誤，幾乎都是因為自己的弱點造成的。從某種意義上說，人性弱點的多少決定了成功的多少。反省一下自己吧，找到導致你現狀的那塊人性弱點，將其改為優點，好運就會自然來到！

最大的敵人是自己

　　什麼叫「強者」？老子在《道德經》的第三十三章有如下定義：「知人者智，自知者明；勝人者有力，自勝者強。」意思是：了解別人是智慧，了解自己是聖明；戰勝別人是有力量，戰勝自己才是強大。一個能夠戰勝自我的人，沒有什

麼是所不能戰勝的。只有「自勝者」，才是真正的強者。

　　對於那些強者來說，他們所面臨的最大敵人不是命運，不是他人，而是自己本身。在成為強者的路上，倒下了不少聰明絕頂的人、能力超群的人，他們最後沒有成為強者，只源於他們不能戰勝自身的弱點。

　　每個人都有弱點，不論在性格上、心理上還是行為上，其中比較明顯的如自卑、拖延、懶散、抱怨、虛榮、自私、缺乏定力、苛求完美等。但是許多人對於自身的弱點似乎不敏感，反而總是會以各種愚蠢至極的藉口放過它們，甚至背負著這些細菌一樣無處不在而又蔓延滋生的弱點一路走來。結果，這些弱點就像慢性毒藥一樣可以將你慢慢殺死。許多失敗者之所以沒有成功，就是因為沒有從弱點的包圍中突擊出來。

　　如果你對這種說法心有疑慮，那麼，請想一下：面對著充滿風險的挑戰，你是否還是像兒時一樣忐忑不安，首先想到的就是逃避？面對著工作中需要擔負責任的事情，你首先想到的就是讓別人去嘗試，自己只做第二？面對他人的成功，你是否怒火中燒？你抱怨，命運太不公平，為什麼成功的花環不是戴在自己頭上？因而，試圖把身邊優秀的同事拉下水？或者，躲在自私的牢籠中，對於公益活動冷漠觀望，更不會向弱勢團體伸出救援的雙手？因而倍感孤獨者，沒有很多朋友，親人也不喜歡你？甚至，即便事業有成，當上了

第一章　戰勝弱點，掌控命運

領導者，你也疑心重重，從來不敢任用有才能的下屬？……這一切都說明，你的身上有著阻礙你走向成功的致命的弱點。而且，這些人性的弱點具有普遍性，不僅在普通人身上存在，就是許多功成名就之士也常常被這些弱點斬落馬下。比如《三國演義》裡的關羽，英勇蓋世，但剛愎傲慢，不肯採納下屬和旁人的意見，因而導致敗走麥城；「羽扇綸巾，談笑間，檣櫓灰飛煙滅」英俊瀟灑的周瑜，因為心胸狹隘、無法容人，最後被諸葛亮活活氣死……

即便不是事業未成身先死，但是，人們一旦被這些惡魔般的弱點支配，天才也只能是曇花一現。在這方面，現代社會仍有人在上演著這樣的人生悲劇。

在 2003 年之前，人們來到德國的柏林城都是想看到巴西的足球天才阿爾維斯（Daniel Alves da Silva）。阿爾維斯的門前嗅覺十分靈敏，頭球和左右腳都能破門得分，是賽場公認的進球手段最豐富球員。可是 2003 年的一個週六，柏林赫塔足球俱樂部經理卻宣布：下賽季阿爾維斯將返回巴西，也許此後就不會出現在巴西聯賽賽場上。結果，沒幾天，阿爾維斯真的就踏上了歸途。從此，柏林城少了一位天才球員和「演員」。阿爾維斯的失敗是為什麼呢？

原來，在柏林的三年多，阿爾維斯表演過無數鬧劇。比如，訓練遲到是他的老毛病，而且他不思悔改，反而經常編出諸多荒唐理由來欺騙教練。他在一次電視採訪中大發雷

霆，竟然是因為主持人沒有兌現承諾——說要帶給他一個甜麵包。而且，他在訓練中曾大放厥詞，說他比隊友強多了！可是，阿爾維斯在赫塔總共度過了 1231 個日夜，在德甲賽場出場 81 次，進球只有 25 個。這還不算，阿爾維斯三次因為無照駕駛被起訴，光是罰款，俱樂部就為他交了 13 萬歐元……總之，自由散漫、不負責任的弱點使足球天才阿爾維斯失去了在德國發展的機會。同時，對於柏林赫塔足球俱樂部來說，高價購進阿爾維斯是最虧本的一樁買賣，因此，該俱樂部負責人才決心早日清除這個累贅。

由此可見，一個人是否能夠取得事業的成功，贏取生活的幸福，其必備的基本素養不僅僅是頭腦聰明、思維敏銳、知識淵博、而是要能夠戰勝自己，尤其是戰勝自身的弱點。如果不能清楚正確地認識自己，對於自身的弱點也是一知半解，那麼，你的成功永遠不會有太大的把握？如果不能戰勝自身的弱點，即便是一顆曾經璀璨的巨星也會黯淡無光甚至隕落。因為「人性的弱點」永遠是我們的最大敵人，它神不知鬼不覺地潛伏在你的行為中，如果你沒有意識到，沒有及時採取行動來加以矯正，會隨著成長的腳步而日益膨脹，最終，會給人們帶來痛苦與磨難。

也許有些人說，有些弱點是父母遺傳的，本性難移啊！固然，形成這些弱點的原因有些是先天遺傳的因素，比如多血質、膽汁質的人容易衝動等，但是許多時候也是在後天的

社會環境中所形成的。雖然遺傳等因素可以決定人的某些特點，但是，後天的生活、家庭和社會交往環境也會造成影響作用。心理學在性格研究領域出現過一種著名的理論——預限理論，該理論認為，刺激超過了預限的值以後，就可以使人的性格發生變化。比如，一個天生不願與人交往的人，一旦他加入到團隊或者班級等集體中，需要他與人交往，需要參加許多集體活動時，他原來的不善交往弱點也會有所改變，變得開朗、豁達起來。因為生活需要他這樣做。所以說，弱點並非不可改變，不可戰勝。只要你想，只要你行動起來，正視它，並且用毅力和決心去克服它。

拿破崙曾經說過：「我是我自己最大的敵人，也是自己不幸命運的起因。」其實，人有弱點並不可恥，正如有人戲言的那樣，世界上每個人都是被上帝咬過一口的蘋果，都是有缺陷的。

戰勝弱點才能成功

偉大的生命就是一部戰勝自我、超越自我的奮鬥史。世界上之所以有平庸和偉大的區別，就在於自我超越、自我完善。正因為大多數人缺乏戰勝弱點的信念和意志，因此平庸地度過了一生。而那些成功人士，他們奮鬥的過程也是戰勝自身弱點的過程。只有戰勝自身弱點人才能成功。

　　成功的過程就是戰勝自我的過程。戰勝自我就是戰勝自身的弱點，讓優勢得以充分發揮的過程。可是，這個道理並非人人都懂。

　　生活中，很多人在失敗或者處於劣勢時，總是抱怨環境或他人對自己成功造成了不可跨越的障礙，因而，他們總是把希望寄託在換個環境或結交新的朋友來改變自己目前尷尬的處境。他們唯一缺少的就是反省自己。他們不明白，唯有改變自己才能讓問題迎刃而解。否則，只能是徒然地浪費時間和生命。哪怕一些人性的弱點現在看起來微不足道，也會像鞋中的沙子，如果不及時倒掉，最終會在你奔波的路途上讓你疲憊而摔跤。因此，從現在開始，你需要解析自己、了解自己身上有哪些弱點。

　　你身上有哪些弱點阻礙著你去實現自己的願望？哪些弱點曾經給你帶來致命的傷害？如果你不想重蹈覆轍，如果不想讓悲劇發生，現在開始，就行動起來，克服自身的弱點吧。

　　如果你意識到了自身局限性的存在，並且決心改正這些人性的弱點，那就意味著，在人生的征程上你又上升了一個臺階。恭喜你，這是你真正進步的表現。

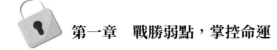

第一章　戰勝弱點，掌控命運

超越人性的弱點要靠自己

　　儘管有些人能夠認識到自身弱點的危害，但他們卻常常對此戀戀不捨，把這些弱點視為上天賜予自己的，是可改可不改的東西，或者想改也改不了的東西。即便迫不得已去改變，也不肯全力以赴。在他們看來，自己何必要和自己較勁。結果，那些人性的弱點始終像魔鬼一樣纏繞著他們。

　　對此，高爾基（Maxim Gorky）曾多次告誡：「人一生要戰勝的敵人就是自己。」你才是自己命運的主宰者和救世主。自己可以成就什麼，不依賴於外界的力量，而取決於自身的力量。每一個人都能夠重新塑造自己，同樣，改變弱點也要靠自己。如果你自己不能下定決心，像掉到獵人陷阱的老虎那樣有咬斷後腿的勇氣，那麼，誰也救不了你。

　　1963 年，甘迺迪總統（John F. Kennedy）英姿勃發時死於非命；若干年後，小甘迺迪（John F. Kennedy Jr.）又因為冒險飛行，重蹈其父覆轍。對此，以色列遺傳學家埃伯斯坦分析說：「甘迺迪家族成員的魯莽行事是造成悲劇的一個因素。它緣自該族成員具有的一種冒險基因。」在小甘迺迪飛機出事前的五十年間，甘迺迪家族共有 6 人分別死於墜機、服藥過量、滑雪意外和遇刺，但是，小甘迺迪絕不會因此改變自己。

　　小甘迺迪像自己家族的其他人一樣，喜歡冒險刺激，喜

歡海上揚帆、水上漂筏。雖然，在失事之前，小甘迺迪的駕機技術還不夠成熟，駕機經驗也不足，而且因駕機不慎而導致小腿骨折。最糟糕的是，在起飛那天，大西洋上空氣候惡劣，即使最富經驗的老手也不敢貿然起飛。但小甘迺迪決定冒險，結果在飛機飛行中失事身亡。

由此可見，天性好比種子，它既能長成香花，也可能長成毒菌。

即便是家族遺傳的一些性格特點，如果實踐已經證明會給命運帶來不幸和災難，卻仍然不肯下定決心去改變，那麼，悲劇也會發生在自己身上。因此，要想不重蹈覆轍，就需要下決心從自己開始，靠自己的主觀努力去改變。

很顯然，社會不會主動適應你，他人也不會，即便是再偉大再功高蓋世的英雄。每個人在人生的航道上要想順利起航揚帆，只能努力改變自己來適應社會、適應他人、適應世界，不可能要求他人來順從自己的弱點，更不能讓世界按照自己的弱點來改變。

有這樣一個故事能清楚說明這個道理：

一個濃霧密布的夜晚，一艘戰艦在海上艱難地航行著。由於能見度極差，船長緊張而又十分謹慎小心地指揮著。突然瞭望員報告「左舷不遠處有燈光在逼近我艦。」船長命令信號員通知對方，讓對方轉向20度。因為一旦兩船相撞，後果不堪設想。可是，沒想到，對方發出的信號是：「我們無

第一章　戰勝弱點，掌控命運

法轉向，建議貴船轉向 20 度。」

　　船長一聽，頓時感到十分憤怒，於是，威嚴地命令瞭望員說：「告訴他，我是船長，讓他聽我的命令。」但是，對方的回答竟是：「貴船最好轉向。」

　　船長不由得勃然大怒道：「開什麼玩笑，告訴他，這是戰艦。讓他馬上轉向。」

　　這時對方傳來了這樣的信號：「這裡是燈塔。」結果當然是船長的戰艦改了航道。

　　就像戰艦需要改變航道一樣，要改變自己的弱點的確都有些不情願。可是，想一下，如果不改變將會撞得頭破血流，恐怕沒有人不會再堅持吧，也不會要求他人來適應自己吧。

　　當然，弱點的改變不是一朝一夕的事情，因此，你可以考慮以下辦法：

- ◆ **一點一滴地逐漸做起**：因為有些弱點是十分頑強的，比如，來自天性中的東西。因此，你不要急於求成。開始時的目標不要太大，太大不容易實現會由於受挫折而灰心；目標太小則會由於成效緩慢而洩氣。在努力中不妨做些能鼓勵自己情緒的事情。

- ◆ **長時間地嚴格約束自己**：因為天性是狡猾的，它可以在你警惕時潛伏下來，當你放鬆時又溜回來。因此，應當時時檢查，特別是在取得成效以後，要從嚴從難克制自己。

- ◆ **矯枉不妨過正**：可以用相反的習慣來改造天性，這也是不錯的，但是，只要你能夠堅持按照一種新的行為方式來行動，將這種新的行為方式變成一種習慣性、典型性的行為，你的弱點就被逐漸克服了。

世界上沒有不可戰勝的敵人，也沒有任何艱難險阻、沒有任何其他力量可以妨礙你走上成功的道路，除了自己。因此，要戰勝自身人性的弱點需要依靠自己的主觀努力。相信自己的能力，相信那些還未得到完全開發的潛能會隨時來幫助你。只要你下定決心，沒有任何力量可以阻擋你！

「靈魂最自由的人，就是那種一舉扯斷鎖鏈的人。」如果一個人有毅力和決心，能斷然強制自己徹底根除不良習性，那是最令人欽佩的。

不要為弱點找藉口

一隻小河豚在水裡快樂地遊玩著，牠一邊遊一邊唱著歌。忽然，牠的腦袋被一種很硬的東西撞了一下，原來是橋墩擋住了牠的路。小河豚不反思自己只顧玩耍沒有看清橋墩，也不另外繞道而行，反而衝著橋墩大發脾氣：「你這個可惡的笨東西，為什麼擋住我的去路？沒看見我在游泳嗎？」

可是，小河豚喊了半天，橋墩一點反應也沒有。於是，小河豚更加生氣了，牠叉著腰，瞪著眼睛，鼓起白白的肚

皮，埋怨著這個不通情理的橋墩。

這時，一隻老鷹發現了浮在水面的小河豚，只見牠用鋒利的尖嘴劃開了小河豚的肚皮。小河豚糊里糊塗地丟了性命！

本來小河豚盲目撞上橋墩是自己不對，但是牠居然不認輸，反而怒氣沖天找藉口，把一腔怨氣發洩到橋墩身上和冷冰冰的橋墩較勁，結果，成了老鷹的腹中餐。

生活中，有些人也像小河豚這樣，遭遇失敗或者經歷不順的時候，往往會努力為自己開脫，或者將原因歸結為他人或者環境的不是，而不是從自己身上找原因。他們把自己寶貴的時間和精力放在了如何尋找一個合適的藉口上，似乎這樣就可以證明自己的正確。殊不知，藉口是一張敷衍別人、原諒自己的「擋箭牌」。如果你也和小河豚一樣不反思自己的弱點，不正視自己的弱點，處處為自己的弱點找藉口，雖然目前的結局可能不會像小河豚那樣悲慘，但是，天長日久，這些藉口也會矇蔽你的雙眼，讓你看不清自己的弱點，看不見前進的正確方向。這種習慣，無疑是一劑鴉片式的慢性毒藥，最終會吞噬你的鬥志和旺盛的激動。當你一而再、再而三地去尋找藉口時，逐漸就會變得心安理得，因此會惰性十足，遇到困難就退縮。如果不加以改正，在組織中，上司也不會再把重擔放在你的肩上，你也失去了鍛鍊的機會。而且，找藉口除了不利於自己的成長之外，也會造成別人對

你能力的不信任。

常言道：「智者千慮，必有一失。」一個人再聰明，再能幹，也總有失敗犯錯的時候。其實，一個人犯了錯誤並不可怕，重要的是你的態度。人們對待錯誤往往有兩種態度：一種是拒絕認錯，找藉口辯解推脫；另一種是坦誠地承認錯誤，勇於改正，並找到解決的辦法。犯了錯誤，不肯承認自己的錯誤，反而為自己找藉口開脫、辯解，歸根結底是人性的弱點在作怪。

曾經，一位精通業務、經驗豐富的工程部經理受僱於一位不懂工程的上司，於是，這位工程部經理總有辦法擺平上司。每當他們部門出現問題時，這位工程部經理總是想方設法用專業知識在會上辯解。結果，不懂專業的上司經常無力反擊。

但是，上司雖然不懂業務，卻知道這位工程部經理在用自己的知識試圖欲蓋彌彰。看到工程部經理在出現問題時不是虛心認錯，而是想辦法推脫責任，上司很生氣。他不能容忍這樣的主管把團隊引向歧途。於是，最終忍無可忍的他當著大家的面宣布免去了這位工程部經理的職務。

有些人在工作中也會發生像這位工程部經理一樣的情況。遇到錯誤總是找藉口為自己辯護，把責任推個乾乾淨淨，他們認為這是自己聰明的表現。但事實並非如此。人們對待自身的弱點不是拒絕承認就是想法找藉口辯解推託，這

樣不但不能改善現狀，也無助於自己的成長，所產生的負面影響還會使情況更加惡化。也可能上級會原諒我們一次，但心裡一定會感到不快，對這樣的下屬產生「怕負責任」的印象。因此，如果跳脫不出自身弱點的狹小圈子，總是為自身的弱點找藉口，只能像皇帝的新衣一樣，可笑而滑稽。最終，你推託的不是別人，而是自己的弱點；你搪塞的也不是別人，而是自己的前途。

既然工作中出現失誤在所難免，那麼，如果是因為自身的原因所致，就要坦誠地面對自己的失誤，拿出足夠的勇氣承認它，面對它，而不是試圖掩蓋。正視弱點，改正弱點，不僅能彌補失誤所帶來的不良後果，別人也會原諒你。

日本有家商貿公司的市場部經理，在任職期間犯了個大錯誤，他沒有經過上司批准就擅自決定為一家商業夥伴生產一批手機零件。等產品生產出來準備賣給對方時，這家公司卻宣布倒閉了。無疑，這位市場部經理決策失誤為公司帶來了很大的損失。

但是，這位經理沒有把失誤推到市場的變化無常和商業夥伴的經營不穩定上面，儘管他當時想不出補救措施。但是，他沒有找任何藉口，坦誠地向總經理講述了一切，承認了錯誤，並表示要努力改變自己盲目決策的習慣，盡力挽回損失。

　　總經理看到他在事實面前確實認識到自身弱點給企業帶來的失誤，不但沒有批評他，而且鼓勵他不要洩氣，

　　這次，這位經理經過冷靜而全面的市場調查，了解了對手機零件需求的幾個客戶，尋找新的合作夥伴。一個月後，他終於將這批手機零件全部銷售完畢。在以後的決策中，總是善於徵求他人的意見，不再輕易許諾。

　　俗話說「人非聖賢，孰能無過？」人都有弱點，不可能像神靈那樣聖潔。既然人性的弱點有普遍性，那麼，關鍵在於你有沒有改變弱點的勇氣和態度，態度決定成敗。

　　松下幸之助說：「偶爾犯錯誤無可厚非，但從處理錯誤的態度上，我們可以看清楚一個人。」

　　松下幸之助就是一個從不為自身的各種弱點找藉口的人，他對自己如此，對員工也是同樣的要求。他不允許下屬為工作上的失誤找各種理由，要求他們勇於承認自己的錯誤。這樣，使得松下集團從上到下都很少有為工作失誤找藉口的風氣。員工能及時發現工作中的問題，並且及時糾正和改進。正是因為員工在不斷改正弱點中超越了自己，終於打造出了松下這個日本乃至世界級的菁英企業。

　　由此看來，戰勝弱點不但有利於自己的成長，也有利於團隊的發展。

　　卡內基曾經說過：「一種缺陷，如果生在一個庸人身上，

第一章　戰勝弱點，掌控命運

他會把它看成是一個千載難逢的藉口，竭力利用它來偷懶、求恕、懦弱；但如果生長在一個有作為的人身上，他不僅會用種種方法來將它克服，還會利用它做出一番不平凡的事業來。」因此，我們要下定決心向自己的弱點挑戰，拿出足夠的勇氣去改正。這樣，不僅能彌補錯誤所帶來的不良結果，在工作中找到解決的辦法，而且自己也找到了超越自我的平臺。

把弱點轉化為優點

弱點雖然會給我們帶來消極影響，但是，就像任何事物都有二元性一樣，弱點也可以轉化為優點。任何人，只要能夠用積極的心態接受弱點，認真地審視弱點，並且運用大腦的智慧將弱點轉化為對自己有利的優點。那麼，你的最弱點也會轉化為最強點。

▎揚長避短

大象身材高大，常被動物們譏笑為「笨笨」。可有能力的人們不敢想像它們能跳出優美的舞姿。可是，小象卻不信。

一天，在動物聯歡會上，小象見許多動物隨著音樂翩翩起舞，十分羨慕。於是，它對媽媽說：「媽媽，我也要跳舞，我也要像它們那樣跳出美妙的舞姿。」

象媽媽想了想說：「傻孩子，這是不可能的，我們四肢像柱子一樣粗壯，身體像一堵牆，笨手笨腳的，沒有跳舞的資質！還是不要去出糗吧。」

「不，媽媽，我想我一定會學會跳舞的。」小象執拗地說。

從此以後，只要有舞會，小象都去參加，不過它不是去表演。而是先站在一旁，認真地思索怎樣才能跳出一套適合自己身材的舞蹈。它想，我雖然身材高大，不適合跳靈活的旋轉舞，但我高大的四肢強勁有力，卻是別的動物所無法比擬的。而且，我長長的鼻子能伸縮自如，變出各種花樣……那麼，我可以利用這個優勢來展示獨特的陽剛之美啊！

想到自己的創意，小象非常高興。

於是，當又一次舞會開始時，小象大大方方地走進了舞場中央。音樂響起，小象隨著激昂高亢的節拍和鼓點，跳起了強勁有力的踢踏舞，而且鼻子還有節奏地一伸一縮。

看著小象可愛的表情，收放自如的舞蹈，所有在場的動物都為他歡呼。

揚長避短是我們的生存哲學，也是我們發展的前提。因此，你完全沒有必要把自己的弱點盯住不放，而要動腦筋孤立弱點，將它研究透澈，然後設定計畫加以克服，轉化為優點。

第一章　戰勝弱點，掌控命運

▌因勢而行

當然，有些弱點是你無法改變的，比如先天性的缺陷等。此時，你要學會因勢而行。

我們知道，焦慮、恐懼曾經毀過很多人的人生，而希區考克（Alfred Hitchcock）卻可以據此一舉成名。仔細分析希區考克我們會發現，在自身弱點面前，他沒有表現出一般人會有的絕望情緒，而是利用它，把它變成自己的優勢，從而登上成功的寶座。

人立於世，各有優劣，每一個人都有自己的優勢，也有自己的劣勢。弱點從一定程度上說，就是劣勢。但這些並不會妨礙自己在人生的舞臺上發散奪目的光輝，你不必為自己的弱點煩惱，不必花大力氣去在自己的短處上與人或與己較勁，要善於發現自己的優勢，因勢而行。

某老翁有 4 個兒子，老大呆頭呆腦，老二雙目失明，老三彎腰駝背，老四雙腳殘瘸。在一般人看來，這個家簡直慘到極點了，只能等著政府救濟了。

可是聰明的父親卻針對每個兒子的弱點進行巧妙的安排。

他讓呆頭呆腦、沒有什麼心計的大兒子面朝黃土背朝天去種田。莊稼不會說話，父親也不用擔心大兒子受人欺負，吃虧上當。

讓雙目失明的二兒子學算命，占卦行走江湖，明眼人都

信這一套。結果，反而比正常人生活還好。

他讓彎腰駝背的三兒子專門燒火做飯，特別是紅白喜事時，正好派上用場。一年四季走村串疃，吃穿不愁，而且還有煙抽。

他讓殘瘸的四兒子學修鞋修鎖，坐在哪裡也用不著費力。

結果，4個兒子都能安身立命。即便老翁去世後，生活也沒有受到影響，反而都成家立業，生活無憂。

做人最大的樂趣在於透過奮鬥去獲得我們想要的東西。從某種程度上說，有弱點意味著我們可以進一步完美，有匱乏之處意味著我們可以進一步努力。關鍵的是要學會把弱點轉化為優點。

▋創新

把弱點轉化為優點，也需要創新，創造出獨特的符合自身條件的另一個優點。

誰能想到，荷蘭，這個土地和氣候都不占優勢的國家，花卉出口量居然占據世界花卉出口量的 65% 左右。

去過荷蘭的人都知道，該國在土地和氣候這兩個要素方面都處於劣勢。荷蘭人不得不圍海造田，而且這個國家的天氣十分糟糕。那麼，荷蘭人是怎樣成為世界首屈一指的花卉出口國呢？原因有很多，其中之一就是他們在價值鏈的每個

第一章　戰勝弱點，掌控命運

環節上都進行了創新。荷蘭人開發出了一個全年溫室栽培的高科技系統。正是這項技術創造了極高的資源生產率，鞏固了自己的競爭力。這些技術和投入要素提高了資源生產率，彌補了該國在自然資源上的不利條件。

試想，如果荷蘭土地充足，氣候也更加適宜，荷蘭可能就會採取與其他國家一樣的競爭手段。但是沒有這些優勢，荷蘭人反而創造出了自己的另一番優勢彌補了不足。

國家的發展需要創新，人的成長也是如此，需要創新來彌補劣勢。因此，有弱點並不可怕，關鍵是善於運用智慧的大腦創新。

▌擊敗對手的固有弱點

既然弱點誰都有，那麼，要想把自己的弱點轉化為優點，也可以採取另外的戰術，擊敗對手的固有弱點。如此，你的優點不就表現出來了嗎？

強大對手的弱點一般來說，可以分為兩類：一類是其優勢中所固有的弱點，另外一類就是一般性弱點。如果你和對手同臺競技，那麼，就要選擇進攻對手的優勢中所固有的弱點。

這類固有弱點的表現多種多樣，具體到每個人身上，有來自遺傳的固執、多疑、性格暴躁等。對企業來說，比如，大企業的富貴病，就是固有的弱點。戴爾電腦的創始人麥

可‧戴爾（Michael Dell）對此有深刻的認識。他認為，所有強大的公司都有其弱點。優勢中所固有的弱點才是強勢對手真正的致命弱點。因此，進攻對手的優勢中所固有的弱點，才是把對手的優勢轉化成劣勢。如此，你才能創造和對手沒有互動的非競爭局勢，為自己創造更多的時間和機會，讓對手無法反擊。

相反，如果你攻擊對手的一般性弱點，實際上是在幫助他們變得更為強大。比如，明星一個月鬧一次緋聞等。在這種情況下，挑戰者實際上變成了對手的「陪練」，會讓對方受益頗豐。因為，這些弱點對他們來說，無足輕重，相反，他們會借力打力，或者採取措施進行糾正改進。

當然，要發現強勢對手的致命弱點，有時候需要耐心地等待恰當的時機，特別是當對手暫時沒有可利用的弱點時。因此，你需要耐心，盡可能地保存自己。透過研究競爭對手的遊戲規則，發現將其最大的長處變為缺點的機會。因為，所謂的優點和弱點，都是相對而言的。當環境變化時，原先的優點就可能變成致命的缺點。

總之，把弱點轉化為優點，需要行動、需要智慧、需要耐心地等待時機，利用一切可以利用的條件和形勢的變化，借助各種變化的力量，創造各種優勢。如此，你會發現一個煥然一新的你，強大無比的自己。

第一章　戰勝弱點，掌控命運

第二章
強者從不怕被看低

第二章　強者從不怕被看低

　　瑪里・居禮（Madame Marie Sklodowska Curie）有句名言：「我們應該有恆心，尤其要有自信心！」高爾基（Maxim Gorky）也指出：「只有充滿自信的人，才能在任何地方都把快樂融入生活中，並實現自己的成功。」自信是我們成長與成才不可缺少的重要心理要素。

　　人，不要怕被看低！是金子總會發光的。相反，如果被高估也許並不是什麼好事。歷史上被看高的人，如果沒有真才實學，反而是大壞事：誇誇其談的趙括用 40 萬生命留下紙上談兵的笑話，言過其實的馬謖因豪言壯語失街亭而丟掉性命，現實中也有因為高估而作繭自縛的事情！

自卑，就是自毀

　　自卑是一種因過多地自我否定而產生的自慚形穢的情緒體驗。自卑的感受人人都有，只是程度不同而已。輕度的自卑能讓一個人看到自身的不足，從而更加奮發圖強；但如果過於自卑，就有可能影響到學習和工作，阻礙其獲得成功。

　　一般來說，自卑感主要表現為對自己的能力、品德等自身素養評價過低；心理承受力脆弱；經不起較強的刺激；謹小慎微、多愁善感，常產生疑忌心理。行為畏縮、瞻前顧後等。

　　一個外表看上去風光無限的上班族女孩，從小出生在一個爭吵不休的家庭裡，因此從小就很自卑。

　　雖然她成績一直在班裡名列前茅，但是少言寡語，走在路

上，喜歡低著頭；在與人交談時，不敢抬頭和對方目光交流；從來不敢帶同學回家玩，也從來不敢去同學的家裡玩。臉上再也沒有了笑容，才 9 歲就有了這個年齡的孩子不該有的憂鬱。

一次，鄰家小男孩要與她玩耍，她清晰地聽見男孩的媽媽說：「乖，回家，不要跟她一起玩。她的家庭不幸福。」她從此更加自卑。

高中畢業，雖然她的學測成績優異，但是她不敢相信自己能取得好成績，從而報考了市裡一所普通的學校。這一步，就與同學拉開了距離。更可怕的是，因為從小就在心中扎根的自卑。工作後，也遲遲不敢接受男同事拋給她的玫瑰，影響了自己的婚姻幸福，因為她感覺自己只是個會給所有人帶來負擔的人。這種自卑的弱點不僅阻礙了她與同事交往，而且在工作中遇到困難時，也不敢挑戰自己。一次偶然的挫敗就會令她垂頭喪氣，一蹶不振，將自己的一切否定，掉進自責罪惡的漩渦中。

總之，自卑就像蛀蟲一樣吞噬著她的人生。一個本來美麗而有才華，本來可以擁有成功的事業和幸福生活的女孩子，就是因為童年時家庭的陰影，使她心中充滿了揮之不去的自卑感。結果，不但影響她事業的成功，而且還是快樂生活的攔路虎。

由此可見，人一旦掉進自卑的陷阱裡，背負上自卑的弱點，對自己的生活是怎樣沉重的影響和打擊！

第二章　強者從不怕被看低

　　而且，自卑不僅會影響自己的生活，也會給他人造成認知的偏差。自卑者，人皆卑之。自卑的人，不但自己活在看不起自己的陰影裡，別人也會因此而看不起你。結果，這種惡性循環的迴圈會讓你永世不得翻身。

　　甚至更為嚴重的是，一個人如果長期生活在自卑和他人歧視的氛圍中，這種自卑心理會大大加強。那些性格偏激的人因為無法忍受歧視會以嫉妒、暴怒、自欺欺人等畸形的方式表現出來，那麼，會給自己、他人和社會造成一定的危害和損失。他們的生活也注定會是一個悲劇。

　　由於自卑這個人性的弱點對個人發展造成的危害性，因此，我們應當採取適當的措施去克服它，讓我們認清自卑的危害，讓自卑者儘早從心頭掀掉自卑這塊大石頭，從自設的陷阱裡走出來。那樣，才能享受事業成功和幸福生活的樂趣。

接納自己，完美自己

　　傑克·威爾許（Jack Welch）在 45 歲就當上了美國奇異公司的董事長和執行長，他被譽為全球第一的 CEO，是當代最成功的企業家。但誰能想到，他小時候卻是一個很自卑的人，因為他有口吃的毛病。

　　有一天，傑克因為口吃被同學嘲笑了一番，他很沮喪，回家對媽媽說：「他們都嘲笑我，我是不是很糟糕？」媽媽當然很難過，但他的媽媽不是一個普通的媽媽，她一臉歡笑

地說：「哦！原來你是為這個傷心？這是因為你的嘴巴沒有辦法跟上你聰明的腦袋啊！難道你不知道你遠比其他孩子聰明嗎？」

傑克·威爾許頓時心裡一亮，他從此不再為口吃而自卑了。威爾許在通用電氣（GE）的 20 年間（2001 年退休），使 GE 的市場資本增長 30 多倍，達到了 4,500 億美元，被譽為「最受尊敬的 CEO」、「全球第一 CEO」、「美國當代最成功最偉大的企業家」。有意思的是，在他取得了輝煌的成就後，全美廣播公司新聞總裁麥可甚至用無限羨慕的口吻說：「威爾許真棒，我恨不得自己也口吃！」

也許，並不是每個人都幸運地擁有一個「威爾許的媽媽」。當「媽媽」沒有接納你時，你一定要學會自己來接納自己。

自卑也許有一些是先天的，但主要還是來自於後天。當外界的負面評價如冰雹般砸向你時，是垂頭喪氣，還是接納你自己？

接納你自己是一個戰勝自卑的良藥，也是所有強者身上統一的標誌。你的出生本來就是一首生命力頑強的證明，你的成長本來就是為了向世界證明你的存在和價值。如此動聽的樂曲等著你去譜寫，有什麼理由不接納自我？哪怕你身材不苗條，臉蛋也不漂亮；哪怕你沒有高貴的出身，哪怕你沒有幸福的家庭，這些都不是構成自卑的理由。重要的是學會

第二章　強者從不怕被看低

接納自我。要知道，除了你自己，沒有任何人能夠看輕你。

　　有一個小男孩是個孤兒，他覺得自己活在這個世界上沒有什麼價值，沒有人愛他，他到廟裡的老和尚那裡哭訴自己的不幸。老和尚什麼也沒有說，給了他一塊石頭，讓他到市場上去賣。在市場上有人覺得好奇，隨便給他開了個價錢，他不賣。別人以為這塊石頭是個寶石，於是價錢越漲越高。第二天，老和尚再讓他到寶石市場去賣，由於他始終不肯賣，價錢最高的居然漲了百倍。

　　石頭還是那塊石頭，但隨著時間和地點的不同，別人對它的評價卻不一樣了。那個小男孩認為自己活著沒有什麼意義，實際是不接納自己的表現。其實，我們每個人就像是那塊石頭，如果你認為自己是一塊扔在路邊沒有人要的石頭，那麼別人也就會認為你一錢不值；如果你認為自己是一塊寶石，那麼別人也會認為你價值連城。每個人在世界上都是獨一無二的，我們要活出生命的價值，要得到別人的尊重，首先要愉悅地接納自我，並透過各種方式不斷完善自己。自然界賦予人有自我意識，就是為了讓我們認識、改造世界；認識自我，超越自我。如此重要的使命，當然需要我們振作精神，因而務必接納自己。不管遇到什麼情況，不管處在何種劣境，人不可自暴自棄。

　　生命本來就是一個成長變化的過程，不論你是在童年還是少年、青年，甚至中年。你每時每刻都在進行著跨越，每

時每刻都會帶給人們驚喜的面目。因此，不要活在他人的目光中。別人看不起你沒有什麼關係，重要的是自己接受自己。不論你遇到什麼樣的挑戰或困境，都要勇於走出自卑的泥淖。不妨告訴自己，你是最棒的，是最優秀的。

有一個女孩子，總覺得不討別人喜歡，因此有一點自卑。一天，她偶爾在商店裡看到一支漂亮的髮夾，當她戴起它的時候，店裡的顧客都說漂亮，於是她非常高興地買下髮夾，並戴著它去學校。接著奇妙的事發生了，許多平日不太跟她打招呼的同學，紛紛來跟她接近，一些同學還約她一起去玩，原本死板的她，似乎一下子變得開朗、活潑了許多。但放學回家後，她才發現自己頭上根本沒有帶什麼漂亮的髮夾，原來她付錢後把髮夾留在了商店裡。

小女孩的外表並沒有因戴髮夾而改變，改變的只是心態，因她的自信滿滿而讓人感到可愛。「人不是因為美麗而可愛，而是因為可愛才美麗」那句話在她身上得到了驗證。無論什麼時候，我們都不要討厭自己，對於那些已經成為無法更改的客觀現實，與其整天抱怨苦惱，還不如坦然地自我接納，即以積極、讚賞的態度來接受自己。

當然，接納自己並非簡單地自我陶醉。不能因為要「接納」自己，而淺薄地一味地沾沾自喜。在接納自己的同時，也要努力完善自己。如果能認識到這一點，就能在接受自我的平靜心態中走向自信的彼岸。

第二章　強者從不怕被看低

讓自信的太陽照亮人生

　　大多數強者，可能並不是最聰明的、最有靠山與資源的、最被別人所看好的人，但他們一定是最自信的人。著名的勵志大師拿破崙・希爾（Napoleon Hill）認為：一個人的成就，絕對不會超出他的自信所達到的高度。

　　想想也是，好比你不相信自己能登上 8,844 公尺的高度，你一輩子也休想登上喜馬拉雅山。

　　唯有建立自信，大聲告訴自己「我做得到」，方才有將世界屋脊踩在腳下的可能。愛默生（Ralph Waldo Emerson）說：「自信是成功的第一祕訣。」但凡強者除了他們自身有具有一種異於他人的特長外，最重要的是，他們有充分信任自己的堅強自信心，深信所從事之事業必能成功。這樣，他們就能付出全部的精力，破除一切艱難險阻，直到勝利。

　　我們知道拳王阿里（Muhammad Hadj Cassius Marcellus Clay Jr. Ali）在他成名之初正是美國種族歧視非常濃烈的時候。可是，阿里並沒有因此而看不起自己。相反，越是在這樣的時刻，阿里就越要證明自己的優秀。為了增強信心，在每次走上拳擊擂臺前他都喜歡做詩，以激勵自己他曾經做過的並經常朗讀的詩句是：

最偉大的拳王，
20 年前便已露鋒芒。
我美麗得像一幅圖畫，
能把任何人打垮。
他預告哪個回合取勝，
就像這是必然的事情。
他把敵人玩弄於掌中，
迅如雷，疾如風。

阿里的自信，給了自己以力量並最終獲得拳王的美譽。同時也使許多對黑人抱有成見的白人逐漸喜歡上了他，並因此改變了自己對黑人的歧視與仇視。

不論對任何人來說，信心都是行動的指南，是生命價值的動力。如果我們相信自己，對自己充滿信心，也許你會發現幸福生活並非遙不可及，我們同樣可以和別人一樣取得成功。

自信心是自我的重要組成部分，影響著人們個性的健全發展。如果一個人有了堅定的信心，能夠把希望牢牢地掌握住，即便是先天最有理由自卑的人也完全可以創造燦爛的人生。

也許你會說：「我的命運這麼悽慘，又能有什麼辦法呢？」可是，你想一下，你是世界上最悲慘的人嗎？你和殘疾人士相比，相差多少？多少殘疾人士都是因為有強烈的自信心而走出了自卑的泥潭。

第二章　強者從不怕被看低

　　我們知道，霍金（Stephen Hawking），只有一根手指可以活動，醫生曾預測他活不過 20 歲，但是他卻活到了今天並成為世界最著名的科學家、未來學家。他靠什麼？自信。雖然身體殘疾，但是他有一顆靈活的大腦。他相信這就是自己戰勝命運的資本。

　　因此，不論偉大的人物還是普通人，只要在心中種植一顆自信的種子，你的命運就會拔節生長，任何困難阻擋不住。

哪怕眾口鑠金，也要掌握好自己的方向

　　一個人的自信心水準往往與他人對自己的態度有關。許多人的自信就是建立在別人的認可上。如果得不到別人的認可，他們會茫然失措。這就是典型的不自信的表現。

　　一天，有個年輕人來到集市上，買了一隻山羊，他牽著羊，返回家鄉。

　　有個人看見了，笑著對他說：「你牽著這隻狗做什麼？」

　　「別開玩笑，這是一隻山羊。」

　　他牽著羊沒走幾步，迎面又過來一個人。

　　「你為什麼牽著狗啊？你要這狗做什麼？」這人十分驚訝地問。

　　「這是山羊！」他冒火了。他低頭看看這隻長著黑鬍子的東西，這明顯是一隻山羊嘛！真是豈有此理！

又走了幾步，他聽見有人在喊：「喂，小心，別被這條狗咬到！」這下，他開始動搖了：會不會真是一條狗呢？「天哪，我真糊塗！」這人終於大叫起來，我怎麼會把牠當成山羊買來啊？」他信了那些人的話，把山羊扔在大街上了。結果，那幾個人捉住山羊，吃了一頓烤羊肉。原來這是個詐騙集團。

這就是典型的不自信的表現。

雖然這是一個故事，不過現實生活中常常會有這種情況。比如，當你決定要做一件事，可是身邊的人一致認為「不保險」、「不可為」時，也許你就相信了他們的話，結果是把一隻肥羊當做瘦狗放掉了。

我們最常見的是家長在教育孩子中不正當的方式。有些家長認為孩子還小，懷疑孩子的能力。總是說「這個不行」、「那個不能動」、「你會弄壞的」、「你不會」……結果，在毫無遮掩的懷疑中，幼兒對自己失去了信心。在面對困難時，他們往往選擇了「逃避」。

這些行為都會無意中挫傷孩子的自信心，從而使孩子陷入自卑的泥潭而不敢輕舉妄動，越雷池一步。

不僅在家庭教育中，就是在社會上，許多本已長大成熟的人們也會犯隨波逐流、人云亦云，唯別人的馬首是瞻的習慣。至於在遭受困難，看不到遙遠的曙光時更容易產生動搖：莫非我做錯了？這條路確實此路不通嗎？這也是典型的自卑的表

第二章　強者從不怕被看低

現。因為不敢相信自己所以就會做出隨波逐流的盲從的行為。

　　其實在生活中，一個六神無主、無所適從的人的一生就像風向儀，注定會很累，因為它永遠在風的控制下忙忙碌碌、搖擺不定。風向儀式的人則很容易被人言所改變或擊倒。

　　我們總是浪費許多時間去模仿別人，我們本來具有各式各樣的潛能，只是在聽信別人的指揮中左右搖擺，失去了追求的方向。因此，世界上多是沒有什麼成就的平庸之人。但是，那些始終相信自己、擁有自己志向的人，卻有著一個不可動搖的坐標。即便在別人的偏見甚至鄙夷中，他們也有自己的方向，絕不會搖擺不定。」

　　由此可見，成就的大小不在於智力的高低，而在於是否有自信心，有堅持性，不屈不撓，不自卑等良好的意志、品格。每個人，即便再愚鈍的人也存在著接近成功的突破口。這種突破口一般就是一個人的特長、優勢和潛能所在，是一種異於常人的閃光點、生長點、發展點。因此，不論先天怎樣不足，不論後天怎樣不如意，都要充滿信心的找到自己的位置，給自己成功的機會。哪怕追求的過程中，你清楚地意識到自己的不足，這也會促使你努力糾正或者以別的成就（長處）彌補這些不足。這些經歷將錘鍊你的自信心，使你的性格受到磨損，使你的心理更堅強。

　　就拿當紅歌星周杰倫來說，上學時課業成績一直不好，

更沒人相信他有朝一日能成為音樂天王。剛進音樂公司時，周杰倫的音樂才華也不是一開始就被人賞識，很多時候都會在圈子裡碰上一鼻子灰。

1998 年 2 月，周杰倫創作了一首名為＜眼淚知道＞的歌曲，歌詞轉到了劉德華的手上時，劉德華當即拒絕了。之後，周杰倫又為張惠妹寫了一首歌＜雙截棍＞，也被張惠妹毫不猶豫地拒絕。但一次次挫折，一次次失敗，沒有讓周杰倫失去信心。他始終相信自己在音樂的舞臺上，應該有自己合適的位置。在這個強烈的自信心的鼓舞下，他始終不放棄努力，堅持著自己獨特的音樂風格，最終成為整個華語歌壇超重量級的天王。

每個人的成功都是獨一無二的。要想在他人的鄙視和偏見中保持自己的方向，就需要對自己做出良好的自我評價。自我評價決定著人們的命運。每個人內心深處對自己的評價影響著所有的重大選擇和決定，並因此塑造了自己的生活。因此，不要因為別人的懷疑而放棄自己的理想，同樣也不要因為別人的否定而否定自己的能力。因為這個世界上只有你自己才知道如何使用你自己。因此，你一定要保持你自己的本色，不論你的不足有多少，你的能力多麼有限，你也不應該變成別人！你是世界上獨一無二的，除了你自己，沒有人能夠把你打倒。

第二章　強者從不怕被看低

智者說：「每一個人都擁有天上的一顆星，在這顆星星照亮的某個地方，有著別人不可替代的專屬於你的工作。每個人也都有存在的價值，只要你找到了自己的位置，即便是一顆石子，也可以為鐵路運輸盡一份薄力。因此你必須百折不撓地找到自己的位置，充滿快樂，充滿希望地去生活、工作，做一個真正的自己。」

不可能成功有 N 個理由

世界上本來就沒有「不可能」，只是說的人多了，也就有了「不可能」。威廉‧波音（William Edward Boeing）是美國一個經銷木材和傢俱的普通商人。在他觀看了一場飛機特技表演後，迷上了飛機。於是，他決定前往洛杉磯學習飛行技術。但是，他買不起飛機，他的年齡也限制了他成為飛行員的可能，學會駕機技術有什麼用呢？

看來，要滿足駕機遨遊長空的願望，只能自己製造飛機。波音冒出了如此大膽的想法。他身邊的人都認為他的想法很荒唐：那是根本不可能的。波音懶得理睬，他透過各方面的學習，逐步地了解了飛機的結構和性能。

有了一定的準備之後，他開始嘗試製造飛機。那時候，他不但沒有飛機製造廠，甚至連一個受過專門訓練的製造工人也找不到。波音只好動員自己木材公司的木匠、傢俱師和

鉗工進行組裝 —— 這簡直形同兒戲，飛機能在這樣的情況下製造出來？

　　但不可思議的是他們真的將飛機製造出來了。這是一架水上飛機，波音親自駕著它進行試飛，並且取得了成功。

　　波音的信心高漲，他索性將木材公司改成飛機製造公司，專心研製飛機。時至今日，全世界每天有數千架波音公司生產的飛機在天空飛行，誰能想到它起步之初的狀況是多麼不可思議呢！

　　威廉·波音的故事告訴我們：很多我們「不可能」做到的事，只要我們把焦點放在「如何去做」，而不是想著「這是辦不到的，就有可能做到。」威廉·波音在晚年時，曾對採訪他的一個年輕記者說：「面無懼色地面對每一次考驗，你會得到力量、經驗與信心……你必須做你做不了的事。」當我們面對一些似乎不可踰越的障礙時，只要我們有勇氣向它們挑戰，我們的信心也就從中誕生，得到錘鍊，變得無比堅定。

增強自信的七個小技巧

　　自卑並不是一個無法打敗的怪物，只要你輕鬆的走出來，其實你會發現自卑是多麼可笑。以下介紹一些超越自卑弱點的方法和技巧。

第二章　強者從不怕被看低

▌想像自己的成功形象

　　如果你目前沒有多少明顯的優點，那麼可以設想自己投身一項困難中的挑戰者形象，或者追求目標滿足後的理想形象。這種正向的心理暗示會成為你潛意識的一個組成部分，從而使你充滿自信，走向成功。

▌多用肯定的措辭

　　在生活中多運用肯定的措辭，就會讓你增強信心，而使用否定的措辭，會讓人沮喪。在任何情況之下，只要常用肯定的措詞或敘述法，則可以將同一個事實完全改觀，驅除自卑感，令人享受愉快的生活。

　　比如，盧克萊修（Titus Lucretius Carus）奉勸我們不妨將「骨瘦如柴」改說為「可愛的羚羊」，把「喋喋不休」改說為「雄辯的才華」。不同的語言可將相同的事實完全改觀，而且也給人不同的心理感受。

▌和樂觀積極的人在一起

　　自信需要培養。因此，要盡量避免和經常抱怨、悲觀的人在一起，不要讓他們的悲觀情緒影響自己。要多和樂觀積極的或者成功人士在一起，讓他們快樂自信的積極心態幫助自己建立自信心。

增強獨立自主意識

　　一般來說，人的自主性越強，就越有信心。因此，培養人的獨立性、自主性也有助於增強人的信心。要做到獨立自主，就要勇於拋棄身邊的依賴，否則總是會受制於人。當你獨立嘗試時，你的自主意識和自信心也在不斷增強。

從戰勝困難中獲得自信

　　當然，對挫折和困難的有效處理可以大大地增強信心。因此，你不妨適當挑戰自己，嘗試解決一些較為困難的工作；也可以為自己制定一個較高的標準，全身心地投入其中。當你體驗到成功的快樂，無疑會增強信心。

加快步伐

　　想不到吧，加快走路的步伐，也能讓你增加信心。大力的跨步，像在告訴整個世界：「我要到一個重要的地方，去做很重要的事情。」言下之意，「我」很重要。快多少呢？專家建議「走快 25%」——這樣既不累人，又很精神。

坐在最前面的位置上

　　不管是在講堂還是聚會中，我們都會發現，後面的座位總是先被人占據。可是，大部分占據後排座位的人，都是有些自卑的人，他們怕受人注目，對自己沒有足夠的信心。因為他們有勇氣，不敢在眾目睽睽下展現自己。如果你也是這

樣的人，那麼，從今天開始，就鍛鍊自己坐前排的勇氣吧！坐在前面就是自信的證明。另外，坐在顯眼的位置，會加深上級及老師對你的印象，造成強化自己的作用。如果你坐在最前面了，並將這種行為變成習慣，自卑也會在潛移默化中變為自信。

第三章
深入骨髓的毒 —— 面子

第三章　深入骨髓的毒—面子

生活中，人們的衣食住行似乎都離不開面子：穿衣服講面子；請客講面子；買房購車講面子……面子無處不在。人們好像都在為面子而活著。其實，面子是讓人看的，是淺層次的心理需求，也是靠不住的。

生命的主體就是自由、順其自然，活給自己看，而不是他人，因此，要勇敢摘去虛榮編織的愛面子面具。如果你透過奮鬥展現出了自己的人生價值，贏得了他人的認可，並且也讓他人臉上有光，那才不枉生命賦予你的意義，那才是最大的面子。

愛面子是高成本低回報的投資

面子是人最注重的。俗話說：人有臉，樹有皮。人活的就是一張臉面。「面子」是中國人一種重要和典型的社會心理現象。華人最講究「臉皮」，似乎做什麼事都特別在意面子。比如，許多含辛茹苦將兒子培育成人的父母，看到兒子能夠「光宗耀祖」，即使自己吃剩菜，心裡也是很欣慰的，因為兒子讓他們在親友面前有了臉皮面子。

其實，適度的愛面子是一種正常而健康的心理狀態，意味著自我意識和自尊心，它使人能夠自愛，從而才能夠自強、自立，成為一個對於家庭和社會有用的人才。相反，如果什麼都不在意，有些人就會產生破罐破摔、自暴自棄的心

理。因此，適當地愛面子無可厚非。

可是，有的人愛面子超過底線，他們往往因為要面子而使自己受委屈，這就是給自己帶上假面具，套上枷鎖，死要面子活受罪。這種對臉皮的觀念，說穿了，不是為自己活著，而是在為他人而活著。這種愛面子就是一種高成本低回報的投資了，得不償失。

歷史上，周幽王為了讓褒姒有面子，結果丟了江山；諸葛亮為了給馬謖一個面子，結果失了街亭；周瑜為了自己尊貴的面子被活活氣死。可見，愛面子的代價有多大。

可是，前車之鑒，並沒有達到後事之師的目的。歷史的車輪駛入 21 世紀。死要面子活受罪這個人性的弱點還在不同程度地上演著。

有些人為了一己私利，也為了滿足虛榮心，不惜一切代價要個面子，結果投入了大量的精力和時間精心維護，可面子竟是曇花一現。更有甚者，對那些違法亂紀的事，因為拉不下臉面，給了人家面子。結果自己承受苦果。

面子既能成全人，又能毀了人。面子害人一點都不言過其實。

不僅在工作中，即便在生活中，死要面子的人也大有人在。如正在戀愛的年輕人，往往會在女友面前盡量裝有錢，借錢欠帳也要裝成有錢人，結果，為了面子會出現一些超出

自己經濟能力的消費；有的人在學習上顧忌面子，不懂的地方也不好意思向人請教，不懂裝懂，結果貽誤的是自己的前途。這都是「死要面子活受罪」。因此而導致家庭不幸福的也比比皆是。

其實，面子很大程度上是虛榮心的表現。為人處世，雖然沒面子低人一等、受人歧視，完全不愛面子，似乎很沒有底線。可是，太愛面子，自己容易吃很多虧，太愛面子會活得很累。因此，人應該客觀地看待面子，在要面子的同時，也要擁有正常、健康的生命。很多時候，不要太在乎面子。

俗話說：「面子無常價，是寶也是草。」面子固然重要，但不必為了沒意義的面子讓自己受苦遭罪，戴著面具進行人生折騰。如此注重對面子的投資並不是明智的選擇，順其自然最可貴。

愛面子比愛金錢更可怕

愛錢並不是錯，如果不為金錢而做違法的事情都不為過。即便是吝嗇金錢的人最多落個守財奴、吝嗇鬼等名稱。可是，愛面子的人常常打腫臉充胖子。有些人明明愛錢，卻撕不下臉皮，不肯委屈自己的臉面去賺錢；或者為了人前風光而自己寧肯人後默默吞嚥苦果；或者為了面子而影響生活的品質和幸福，就像提燈籠一樣外明裡不明，吃苦受罪都只

有他自己知道了。這種愛面子就太可怕了。

小明是畢業於名校的高材生。人到中年的他離開部隊後找了很多工作都覺得不太稱心，所以只能在一家民營小公司裡委屈地當一名普通工人，薪水也低得可憐。

一次，小明偶然遇到了大學的同班同學，一陣寒暄後知道同學如今已是一家著名的大型民營公司的副總裁了，無限嚮往。同學見狀對他說：「憑你的專業知識，到我們公司來肯定會大顯身手，我們正缺一位財務主管，你一定能勝任。」

這本來是一個天賜良機！可是，小明轉念一想，在大學裡自己一直是名列前茅。如今卻要到一個以前不如自己的同學手下去工作，被他指揮太丟臉了！想來想去，最終小明還是放棄了這次難得的機會。

孩子考上高中後，小明為了讓兒子讀好高中，不惜靠關係轉校。可是，他卻沒想到名校的學費竟高得驚人！小明又無法張口向親戚們借錢，急得他都想到賣血。老婆看到他走投無路的樣子，訓斥他說：「聽起來兒子上名校很風光，可是不想想你薪水才多少？還死要面子，明明愛錢還捨不得放下臉面？」

於是，小明又因為面子問題和老婆吵架。並且老婆警告他說：「再這樣打腫臉充胖子，我們就離婚。」

俗話說：人要臉，樹要皮。要「面子」在一定程度上可

第三章　深入骨髓的毒—面子

以理解為要臉。但要臉也應該注意一個限度，不要因為自尊心的過強而演變成「死要面子」。生活中，有些人為了愛面子竟然到了不顧自己實際承受能力的分上，這就有些過頭了。

當然，最要面子的莫過於那些至高無上的人物。特別是那些位高權重的人，他們大多有著異於常人的成就欲。持有強烈的成就慾望，這本是一件好事。然而當個人意識到自己所掌握的「資源」不足以使他完成自己設想的目標時，就會想以其他的方式「彌補」自我資源的不足，從而產生各種各樣的虛假的「護面子行為」。為了得到世人的認可，為了保住自己的面子，甚至會利用權勢做出傷天害理的事情。那麼，這種愛面子就發人深思了。

唐朝著名詩人宋之問有個外甥叫劉希夷，很有才華，是個年輕有為的詩人。

一日，劉希夷寫了一首詩，詩名叫《代悲白頭翁》，到宋之問家中請宋指點。當劉希夷讀到：「古人無復洛陽東，今人還對落花風。年年歲歲花相似，歲歲年年人不同」時，宋之問情不自禁連連稱好，忙問此詩可曾給他人看過，劉希夷告訴他剛剛寫完，還沒有給別人看。宋之問覺得詩中「年年歲歲花相似，歲歲年年人不同」這兩句寫得非常好，足可以憑這兩句而聲震文壇，名垂青史，便要求劉希夷把這兩句詩讓給他。劉希夷說那兩句話是他詩中的詩眼，如果去掉了，那整首詩就索然無味了，因此沒有答應舅舅的要求。

晚上，宋之問睡不著覺，翻來覆去只是念這兩句詩。心中暗想，此詩如果說此詩是自己所做，那麼，不但世人會敬佩他，皇上也會另眼相看，說不定還會是千古絕唱，名揚天下。到那時，自己的臉面是何等風光啊！一定要想法據為己有。於是起了歹意，居然命家僕將親外甥劉希夷活活害死。

為了自己在天下人面前樹立起有才華的形象不惜殺害親外甥，可見，因為貪圖浮名的愛面子心理是何等扭曲。這種扭曲的愛面子的心理實在比愛金錢更可怕！

當然，像宋之問這種令人觸目驚心的現象畢竟是少數。可是，如果作為一個現代組織的領導人，過分愛面子，那麼，不僅不能帶來事業的成就，相反會把本來無限光明的事業引上一條不歸路。

希望別人看得起你，想得到自尊心上的滿足，這本身是人之常情，這也是很多成功的人不斷努力的一個重要原因。但是為了達到這樣的效果，如果盲目吹氣球，總有破掉的一天。由此可見，愛面子實在比單純地愛金錢更可怕，特別是位於高位者。因為這種弱點危害的不僅是自己，還有團隊的發展。

當然，要在華人社會生存，不能不講面子，但聰明人一定會講求方法，既能顯示自己的能力和身分，又不會招致嫉妒，讓他人藉機落井下石。這樣，愛面子才是最恰當的方式。因此，不論是普通百姓還是領導人，對於過分愛面子的弱點必須加以根除。

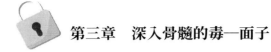

警惕膨脹的虛榮心

　　愛面子的人大多都有著強烈的虛榮心。雖然一個人只要有追求榮譽的欲望，就不可能沒有虛榮心。但是，對於那些愛面子的人來說，虛榮心是種扭曲了的自尊心，是為了取得榮譽和引起普遍注意而表現出來的一種社會情感。他們的虛榮心是自欺欺人，他們之所以愛面子就是為了保護自己的虛榮心。

　　一位小學一年級的學生看到其他同學每天上下學都有專車接送，很是風光。而自己的父母卻是普通工人，騎著腳踏車被同學們看不起時，小學生就懇求做生意的姑姑開車來送自己上學。這種要求得到滿足後，更誇張的是，這位小學生居然當著同學們的面告訴他們，這是自己的媽媽。而以前來送自己的媽媽其實是保姆。

　　小小年紀就學會忘恩負義了。這是為什麼呢？其實，這就是他心中的虛榮心作怪。

　　目前，隨著物質生活水準的提高，不但在成人中，在許多未成年的學生中，過分的虛榮心也在膨脹。像是有的同學在慶祝生日時，送的禮物自己的經濟能力承受不起，但為了避免人家說他窮、小氣，也要「打腫臉皮充胖子」。

　　這種虛榮心就是一種扭曲了的自尊心，是在條件不具備的情況下，為了達到自尊心的滿足，產生的一種虛偽心理。這種心理是消極的，極不利於小學生的健康成長。一味追求

虛假的東西，會使人形成盲目自大及虛偽的性格，會失去真實，失去尊重，失去實在的追求。

虛榮心強的人，待人裝腔作勢，缺乏真實的情感；處世突出自我、急功近利。虛榮總是與淺薄為友。虛榮的人對自己的能力、水準過高估計，愛班門弄斧，不懂裝懂；愛擺架子、裝腔作勢；喜歡聽奉承的話、恭維的話，最不能接受他人當眾頂撞自己或當面提意見。虛榮甚至會使人私欲膨脹。愛虛榮的人為了滿足自己的榮譽需求，博得眾人的讚譽，往往不擇手段撈取榮譽。特別是在目前市場經濟發達的時代，許多年輕人的擇偶觀念也在改變。他們一切都向錢看齊，只是為了能滿足自己超出他人的優越感。

有位心理學家說虛榮是使人走向歧途的興奮劑，因為，虛榮心能燃起一個人的邪念，使人失去理智的控制，最後導致終生的遺憾。那些太愛面子的人談吐行為無一不清楚地展現出虛榮的氣息，於是，騙子往往在他們身上打開突破口。

在時代發展的今天，人們的虛榮心從貪物質、貪錢財、貪地位走向貪榮譽、露臉等多方面。時代越發展，對人們的誘惑越多，虛榮心的表現也會多種多樣。於是，人們的虛榮心也在不斷膨脹。一般來說，有虛榮心的人缺乏自知之明，會高估自己的長處。一旦在某方面達不到自己的要求或比不上他人，甚至會用虛假的東西來掩飾。可是，這正好給騙子看上。我們痛恨騙子，但是為什麼騙子能騙到你？

第三章　深入骨髓的毒—面子

因為你 —— 愛慕虛榮！

如果在無休止的比較中永不滿足，感到自己滿足不了在朋友面前炫耀的欲望，久而久之就會精神崩潰。可見，要面子的危害是多麼嚴重。它會混淆你的思維判斷，讓自己走進自己挖的陷阱中。

也許某些人的虛榮心還不至於讓騙子得逞，但是只要有虛榮心，他人也會從你身上打開突破口。因此，要根除愛面子的弱點，需要拋棄過分的虛榮心。既然虛榮心與生俱來，那麼就要注意從小克服自己過度的虛榮心。如果你不知道自己的虛榮心有多重，可以測試一下，看看你是否太愛面子的人？

- ◆ 在外面吃飯，常常剩下很多？
- ◆ 不管是衣服還是小東西，你都愛挑名牌的買。
- ◆ 買不起的東西，就算分期付款也要買。
- ◆ 多次因受不了店員推銷而買下商品，回到家卻後悔。
- ◆ 參加宴會時，發現別人穿得都比你時髦，你會很早就離開。
- ◆ 買東西的時候，即使是價格很低的，你都會用大鈔請人找錢給你。
- ◆ 除了虛榮心強，你是一個不願意認輸的人。你非常在意周圍的人怎麼看你，老愛跟別人比。
- ◆ 常常為了誇耀自己，不惜說出一堆的謊言來欺騙別人。

如果以上這些你占了半數以上，說明你的愛面子心理太嚴重了。

其實，最要面子的人最沒有面子，很顯然，沒有人為他們的虛榮買單。只是你自己終日被自己好強的心理牽著走，形成了越來越明顯的偏差個性，徒增生活的負擔。因此，那些太愛面子的女人，不妨收起你那為數不多的小奢侈品衣服和背包吧！拿著它們上班逛街絕不是一件好炫耀的事情。男人也要改變自己愛吹牛的習慣，不要再用這種方式來表示自己的能力。

如果你真的愛慕榮譽，那麼，就立下大志，透過奮鬥創造出屬於自己的榮譽來。這才是最大的光榮。如果你取得了令人羨慕的成就，何必打腫臉充胖子？

保持一顆平常心

有些人無論何時何地，總要表現出自己高人一等，其實，這就是太要面子的虛榮心的表示。凡是虛榮心強的人總是活在自欺欺人的幻境中，可結果，往往騙不了人，只能自己欺騙自己，給自己帶來痛苦。

一位貴婦人在乘坐飛機時，看到身邊居然是位黑人，馬上把空服員找來，大聲地抱怨：「我付了錢是來享受這一趟舒適的飛行，你們卻把我安排在這裡！我可受不了坐在這種地方，給我換個位子！」

第三章　深入骨髓的毒─面子

　　周圍的人對她這種做法很反感，但是也沒人說什麼。

　　「很抱歉，女士。」空服員回答：「今天的班機客滿，但是為了您的需求，我可以去為您查查看還有沒有空位。」

　　貴婦人聽後感到很有面子。

　　幾分鐘後，空服員帶著好消息回來：「這位女士，很抱歉，經濟艙已經客滿了，我也向機長報告了這個特殊的情況，目前只剩頭等艙還有一個空位……」

　　貴婦人得意地看著四周的乘客，起身準備移往頭等艙。

　　此時，空服員笑著對那名黑人說：「雖然這種情況是我們從未遇見的，但機長認為要一名乘客和一個讓她厭惡的人同坐，真是太不合情理了。先生，如果您不介意的話，我們已經為您準備好了頭等艙的位置，請您移駕過去。」

　　此時，周圍的乘客起立熱烈地鼓掌，貴婦人羞愧地低下頭。

　　人生總不能總是風光，如果在風光時，故意擺架子討人厭。如此，死要面子的人，常常會丟了面子。因此，拋棄愛面子的沉重壓力，保持一顆平常心。與虛榮心相對的就是一顆平常心。順其自然，淡泊生活。

　　生命的本質在於自由，擁有一顆輕鬆自在的心，能夠盡情地做一回自己，這也是一種美好的生活。那樣，即使你的人生沒有榮耀和光環，你也可以發現平常日子中那些令人感

動和欣喜的東西。你會讀懂一枝一葉、一花一草所散發的清香和溫馨，你會品味出瑣碎日子中的一杯甜蜜，一種幸福。做一回真實的自我，那樣，你會感到無比的輕鬆。

山區裡，一匹馬戰勝了一隻偷雞的豺狼，因此，主人在牠脖子上掛了一朵大紅花，在馬場上繞行一圈，讓所有的馬都向牠行禮致敬。

這時一隻小馬對它說：「你真了不起，你獲得了如此巨大的榮譽，這在我們馬族的家族史上，是絕無僅有的，真叫人羨慕啊。」

誰知這匹戰馬淡淡地說：「這有什麼好羨慕的，我不過是盡了我的本分而已。」

三個月後，這匹戰馬在戰場上受了重傷，由於無法醫治，獸醫決定把牠送進屠宰場。在進屠宰場時，牠又與以前的那匹小馬不期而遇，小馬說：「老兄，想想三個月前，你是何等威風，現在的處境居然這樣悲慘，連我們都不如。一個英雄落到這種地步，你的面子哪裡去了？」

誰知，受傷的馬平靜地說：「這沒有什麼好悲傷的，我只不過是比你們早走一步這條大家都要走的路而已。」

人的一生如簇簇繁花，既有火紅耀眼之時，也有黯淡蕭條之日。不管是榮還是辱，我們都應該以平常心待之。不能因為曾經的榮耀就趾高氣揚，也不能因為失意就感覺無臉見

第三章　深入骨髓的毒─面子

人。如果過分地在乎榮、計較辱，則煩惱就會滋生。因此，人們只有把面子拋在腦後，才不會被榮辱左右情緒，才會為自己贏得一個廣闊的心靈空間。

這一切，即便是歷史上那些取得偉大成就的人們也不會因為滿足自己的虛榮心、為了自己的面子而投資太大。相反，他們注意克制自己，時時保持一顆平常心。

趙匡胤當皇帝後，他最寵愛的昭慶公主認為這下可以為所欲為了。

有一次，昭慶公主在宮中觀看行宮儀仗時，發現用翠鳥羽毛作裝飾的旗子非常好看，回宮後就命人用翠羽裝飾做了件外衣，穿上後對著鏡子左照右照，心中甚是得意，在宮內走來走去。當然，人們免不了恭維一番，公主的虛榮心得到了極大滿足。

不料，就在她感到十分快活時，被趙匡胤和一群大臣們撞上。公主想躲開，卻被趙匡胤喝住說：「你把這件衣服脫下來，以後不准再穿。」

公主不以為然地說：「這件外衣只是用翠羽稍微裝飾了一下，沒什麼大不了的？」

趙匡胤對公主的狡辯十分生氣，厲聲指責道：「你怎麼能這樣說，翠羽價格高，要浪費多少錢財呀？你的生活已經非常優越了。」然後還撩起龍袍說：「你看看，這袍子我都已

66

經穿了三年了，到現在不還是穿得好好的嗎？」說得公主無言以對，只得勉強將翠羽外衣脫掉。

有一天，趙匡胤與昭慶公主在一起談天說地。公主乘機對趙匡胤說：「父皇，你身為大宋聖明，可惜坐的轎子太沒面子了，應該好好裝飾一下，以顯我大宋國富民強啊？」趙匡胤深有感觸地說：「但我身為天子，理當為天下管好財富，豈可濫用？如果我只想一人榮華富貴，百姓還對我抱什麼希望呢？再說，我和歷代聖明的君主相比，還差得遠哪？他們都能安於平淡樸素的生活，我有必要用金銀裝飾自己的門面嗎？國富民強才是最大的面子啊！」

趙匡胤一番話，說得昭慶公主啞口無言，自覺慚愧。從此之後，昭慶公主也都帶頭收斂起來，和其他宮女一樣，平淡做人，素面朝天。而且，在趙匡胤的影響之下，宮裡宮外，朝廷上下，都以穿戴質樸為榮。

在物質生活富足的情況下，可以適當享受，可是，不能為了滿足自己的虛榮心而鋪張浪費。如果你有著強烈的虛榮心，正確的辦法是把虛榮心轉為上進心。特別是那些華而不實、盲目比較、趕時髦、講排場、愛面子、虛榮心重的上位者，不妨在這方面學習一下趙匡胤，改變自己好大喜功的毛病。

不論何時何地，都能以得而不喜，失而不憂的平常心處世，才能掌控自我、超越自我。

成功青睞「厚臉皮」

在自然界中，有一種名叫「厚臉皮」的植物。葉子厚厚的，生命力很強，把它用腳踩著搓碎，只要根還在就能再長出來，而且就算是把它的一片葉子埋在土裡，也能長出根來成為一棵獨立的植株。

生活中，也有一種厚臉皮的人，練就了針扎不透、水潑不進的蓋世武功。不管別人怎麼看，他們的厚臉皮為自己遮擋了風雨。甚至西方人認為，皮膚厚、對別人的責難和非議無動於衷者為最佳之人。這對天生愛面子的華人來說，不得不說是一場思維的革命。

那麼，厚臉皮有什麼好處呢？厚臉皮是否就是不要面子呢？厚臉皮要面子，但是不會為了面子而活受罪。為了長久的大面子可以捨棄暫時的小面子。

在中國歷史上，厚臉皮的人幾乎沒人能和劉邦相比。在劉邦、項羽逐鹿中原的金戈鐵馬、叱吒風雲的時代裡，兩人的臉皮厚薄和成功指數都大不相同。

劉邦本是痞子出身，賴皮混了個亭長；項羽可是名門望族，自小跟叔父學習兵法，帶領江東八千子弟攻秦。在項羽眼中，劉邦算什麼玩意？可是，居然，這個痞子卻憑著厚臉皮稱王稱霸，不令人深思？

痞子出身的劉邦，一路走來，厚臉皮開道。

當他還窮困潦倒，為娶不到媳婦發愁時，厚臉皮就發揮了作用。一天，沛縣縣令張羅著給呂公的大千金（呂雉）找個對象。於是大擺酒宴，誠招各路帥哥前來小聚。

這時候劉邦剛好路過此地，劉邦可是囊中羞澀啊！換成別人，打死也不去現眼。可是，劉邦臉皮厚，明明自己一個子沒有拿，還高喊一聲「泗水亭長劉季」、「賀錢萬」。

呂公一聽「泗水亭長劉季」、「賀錢萬」，大為驚訝，簡直就是財神爺啊！趕快起身相迎。眾人也大都自動讓開，請劉邦到堂上喝酒。

原來是管帳的蕭何在暗中幫助劉邦提升自己的地位。呂公礙於面子怎好當中發作？

劉邦不僅渾水摸到了每餐，而且還贏得了呂公的好感。在呂公看來，劉邦是個不一般的人物，因此，日後居然把女兒許配給了劉邦。

劉邦典型的厚臉皮的表現是，當項羽下令將成為他階下囚多年的劉邦的父親押上來，綁在一鍋燒得滾開的油鍋前面。以此要挾劉邦退兵時，劉邦不顧傷痛，鎮靜自若地揚鞭催馬來到陣前，說出讓項羽和天下人驚訝且恥笑的話：「項將軍，我們曾經是滴血為盟的把兄弟。我的父親也是你的父親。倘若你要煮我們的父親，請給我留一杯肉湯。」這番話為劉邦的不孝不義留下了罵名。

可是，最終，鹿死誰手呢？

第三章　深入骨髓的毒—面子

　　多少次，項羽勝利在握，可是由於愛惜面子，害怕殺劉邦落下「不義」之名，不僅沒有處死這位與自己爭天下的敵人，反而賜封他漢王。此外，項羽遭受唯一一次失敗，正是因為項羽太愛「面子」，感到自己在困境時「無顏見江東父老」，阻止了他返回故鄉重整旗鼓，結果自刎身亡。

　　民間有句俗話：「臉皮厚，吃個夠；臉皮薄，吃不著。」固然，每個人都有自己的臉皮觀念，這關係到自己的尊嚴和地位。不過，每一個人在實現自己的目標過程中，都需要臉皮厚一些，把愛面子的虛榮心拋棄在一邊。

　　古往今來，從東方到西方，但凡那些獲得超人成功者，皆為厚臉皮者。他們練就了刺不進、扎不透的厚臉皮，保護著他們免遭旁人所有可能的非難和自己良心的譴責。想要別人幫助自己就要求人。求人就需要扯下你的薄臉皮，否則就會損失你長遠的利益。此時，厚一下臉皮，能屈能伸、能直能彎，就能達到目的。因此，那些臉皮薄，特別愛面子的人難道不需要修練自己，讓自己的臉皮厚一些嗎？

　　當然，厚臉皮不是不要臉，而是為人處世的一種智慧，比虛榮的要面子更加實用，也會令你的身心倍感輕鬆。這種「厚臉皮精神」不僅在生活中就是在職場上也有許多妙用。

▍「癩皮狗」求愛成功

　　有位男士貌不驚人，離女孩心中的白馬王子的標準相差十萬八千里，可是竟然是他抱得美人歸。為什麼？原來他非常富於「癩皮狗精神」。其他男士在遭到女孩的拒絕後都會知趣離開，他卻以厚臉皮去迎接各種挑戰，不僅遭到拒絕時臉不紅心不跳，而且對於他看中的不離不棄，總是尋找機會向女孩大獻殷勤，哪怕人家對他諷刺挖苦也坦然處之。這樣，反而激起了那些女孩對他的好奇心。哪位任性的「公主」不需要忠誠而又殷勤的男性呢？有時候她們嘴裡說「討厭！」其實心中大感快慰：有男人這麼不要命地追求我，說明我有價值。

　　於是，女孩在虛榮心的驅使下，來到他身邊。這樣一來二去，就了解了他的性情、脾氣等。當然，如果這個女孩發現不適合自己也會免費為他做廣告，宣傳他的性情、愛好等。這位男士也會轉移目標繼續發揚癩皮狗精神窮追不捨其他女孩。最終，那些不敢在女孩面前表達愛的男士都甘拜下風，這位「癩皮狗」自然成了成功者。

　　於是，有人得出推論，社會上成功人士以男士居多，恐怕也是因為他們在戀愛時就練就了自己厚臉皮的豐富經驗。此後，當社會給他們的臉色看時，他們會發揚戀愛中的癩皮狗精神。而女性生來臉皮薄，因此，受到成功青睞的機會也大大降低。雖是戲言，想來也有一番道理。

第三章　深入骨髓的毒—面子

▌領導者更需要厚臉皮

　　說到厚臉皮，有人認為只有普通人才需要。因為普通人總需要求人辦事，領導者則指揮別人，不需要厚臉皮。其實，越是領導者，越需要厚臉皮。越是領導者越要做大事，整合資源時就需要向同級或者上級請求幫助，沒有厚臉皮能行嗎？而且，在很多情況下，也需要你的「厚臉皮」承擔下屬的錯誤，甚至推功攬過，提高下屬的忠誠度。這種情況，沒有厚臉皮能行嗎？

▌鐵面無私

　　厚臉皮不僅意味著不怕打擊，有時也意味著鐵面無私，拉下臉拒絕不合理的事情。否則，他人有面子，你就會沒面子，吃虧的肯定是你。

　　有位私企老闆的同學求他安排兒子一份工作。老闆明知老同學的兒子不爭氣，但念在多年故友的面子，就答應了。誰知埋下了禍根。這個年輕人不僅好逸惡勞，遊手好閒，還以公司的名義在外面招搖撞騙，帶給公司十萬多元的經濟損失。

　　老闆一氣之下將他開除了。沒想到老友卻在外面造謠，說他的公司有問題，自己的兒子是為了不變壞才自動離開公司的。

　　試想，如果這位老闆當時臉皮厚一些，該拒絕的拒絕，能有這種事情發生嗎？可見，厚臉皮的確有價值，厚臉皮可

以讓你鐵面無私，不至於因為太愛面子而傷害自己的利益。

　　當然，「厚臉」並不是通俗意義上的厚臉皮或「痞子腔」。在我們處世的過程中，不管是朋友之間，還是同事之間，都要推崇坦誠相見的交友法則，以心換心。該要的時候一定要留有顏面；不該被面子束縛的時候，則一定要鐵面無私。只有恰當的運用，才能皆大歡喜。

要給他人留面子

　　人們常說：「人有臉，樹有皮。」這句話說出了人性的一大特點：愛面子。可是，我們不能只愛自己的面子，而不給他人面子。

　　面子說到底就是一個人的自尊心。當你傷害了別人的自尊心，他會感到恥辱，而一直對你耿耿於懷。哪怕你是無意中傷害了他人的自尊心，你早就跑到九霄雲外，但是被你傷害過的那個人永遠不會忘記。

　　每個人都有一道最後的心理防線：一旦我們不給他人退路，不讓他人走下臺階，他人就只好使出最後的一招 —— 自衛，也就會讓你下不了臺階。因此，當我們遇事待人時，應記住要善於保留別人的面子。不能為了自己的面子而傷害他人的面子。特別是在一些無關得失的小事中，要懂得維護他人的面子，不要讓他人下不了臺。

第三章　深入骨髓的毒—面子

　　有位銷售員在住旅館時被一隻小老鼠折磨得一夜沒有睡好覺，直接影響第二天的工作。可是當他告訴服務生時，得到的卻是：「你肯定看錯了，我們這裡沒有老鼠。」

　　於是，這個銷售員晚上到店裡買了個老鼠籠和一小包老鼠藥。他把這兩件東西包好，偷偷帶進旅館。第二天早上他起身時看到了籠裡的老鼠。這次，他什麼也沒說，就打算把鼠籠子直接提到經理的辦公室，讓他知道他那些貌似「忠誠」的員工們都在幹什麼？甚至，他想像到經理訓斥那些服務生時自己是多麼開心。

　　可是，就在他準備走出房門時，他忽然想到：「慢著！我這樣做，豈不是太無聊，而且很討厭？是的！我所要做的是證明這個旅館裡確實有隻老鼠。可是，這樣做的結果會是什麼呢？是自貶身價，使我成為一個不惜以任何手段證明自己心胸狹窄的人嗎？如果服務生因此被開除，是自己希望看到的嗎？」

　　想到這，這位銷售員輕輕走回房間，把老鼠拿出，用紙包好後拿出去走到一個臭水溝中扔進去了。等他退房時，把空老鼠籠遞給服務生。此後，他看到所有的人都向他微笑點頭著。

　　也許有些人不理解，這個銷售員為什麼不向經理反映情況？在社會上行走，不能只考慮自己是否快意恩仇，也要顧及他人的臉面。如果不顧及別人的面子行事，總有一天是要

吃苦頭的。所以有時候，寧可委屈點自己，也要留點顏面給別人。再者，如果旅館的經理想改變組織的形象，不用等到客戶反映才動手。

這方面，有些人就很注意維護他人的顏面。

有位青年曾經在一家餐廳做學徒。一次，他的父親病了，急需用錢，他知道老闆的零用錢就放在抽屜中。老闆對他們也從不設防。於是，這位青年偷了老闆的錢，結果正好被回來的老闆娘看到了。

老闆娘是個很苛刻的人，青年很是尷尬和慌亂。但是，當老闆娘打電話給老闆時，老闆卻說：「那是他應得的獎金，我忘了給他。」

青年清晰地聽見了，知道那是老闆保全他的面子。從此他知恩圖報，對老闆更加忠誠，刻苦學藝，不久就成為一名頂尖的廚師。憑著他的手藝為餐廳帶來了豐厚的收益。

給別人留足面子是一種禮貌，是中國人自古流傳下來的禮儀上的規矩。特別是在社交場合中最忌諱的就是掃別人的興，最討厭的就是不會看眼色，不為他人留面子。相反，只有注意到自己和他人的身分和社會地位，知道如何維護他人的「臉面」，才會被認為是禮貌的。因此，任何人在說話，做事之前都要深思熟慮。當你不得不使用有傷面子的言辭時，不妨先肯定後指出不足，或先贊同後道出分歧。

第三章　深入骨髓的毒—面子

▌學會替上司遮醜

身在職場的人，面對上司的錯，絕對不能當面數落。要懂得適時替上司遮醜，這也是維護上司「面子」的必要。

在這方面，有些員工就很靈活。

某公司裡新招了一批職員，一天，老闆抽時間與大家見個面。唸到誰的名字，誰就站起來做一番自我介紹。

當老闆唸到「黃燁」時，全場一片靜寂，沒有人應答。因為老闆把黃燁（一ㄝ丶），唸成了黃燁（ㄏㄨㄚˊ）」

人群中發出一陣低低的笑聲。老闆的臉色有些不自然。

「報告經理，是我把字打錯了。那個人名應該是黃燁（一ㄝ丶）」一名助理站起來說道。

「太馬虎了，下次注意。」老闆揮揮手，接著開始念黃燁（一ㄝ丶）。

沒多久，這名助理被升為公關部經理。

可能有些人認為這個助理純粹是為無能的上司做擋箭牌，可是，想一下，如果你是領導者，你不希望下屬為你遮風避雨嗎？你希望有個處處與你唱反調的人物嗎？

如何巧妙地讓別人從尷尬中走出來，這真是一門很高超的學問。給人面子也是給自己面子。如果你學會了，那麼，恭喜你，很快你就要升遷了。

▋適當抬高他人

虛榮心強的人如果真有兩下子，一旦被別人吹捧，難免飄飄然，不知天高地厚。如此就把他人比下去了。因此，聰明人會懂得在這樣的場合中怎麼讓他人也臉上有光。

南朝齊國有一位稟賦優異的書法家王僧虔，是書聖王羲之的孫子，他在隸書面的造詣超凡出眾，在當時頗負盛名。

齊高帝也愛好書法，一天，高帝召見王僧虔，當場命人拿出名貴的文房四寶，希望可以見識到他的書法意境。沒多大工夫，王僧虔就寫好了一首詩，字字珠璣，豪邁揮灑，博得文武百官的一陣熱烈喝彩。

齊高帝也不甘示弱，立刻拿起毛筆，一氣呵成寫完一首詩，氣勢縱橫，字跡蒼勁，同樣贏得文武百官的滿堂喝彩。

齊高帝興致甚高，即興問了王僧虔一個問題：「朕與你的書法造詣，都是首屈一指，不過到底是誰技高一籌？」

王僧虔聽後當場愣住，以書法的實力來看，齊高帝確實略遜一籌，可是如果說自己優於皇上，那麼皇上必定尊嚴掃地、顏面無光。最後，他終於想出了一個巧妙的答案。他恭敬地對皇上說：「臣的書法，敢說是人臣第一；而皇上的書法，則必定是皇中稱王。」

王僧虔這一番恰當的表達和得體的語言令皇上龍心大悅，大臣們也為他的妙語所折服。

第三章　深入骨髓的毒—面子

▌裝聾作啞

　　因為面子十分脆弱，因此，一旦被他人侵犯，都會馬上反擊。因此，如果你不小心得知了他人的祕密，裝聾作啞是唯一的明哲保身的辦法。如果在人多的場合，他人不小心洩露了自己的祕密和隱私，如果你能及時替他掩飾其短處，則有可能被他引為知己，得到意想不到的回報。

▌當面稱讚，私下批評

　　不知道給人面子，當眾批評他人，不但不會讓別人感謝你，反而對你產生了憎惡的情感。因為你讓別人下不了臺。因此，即便是誠懇的幫助也需要掌握方式和分寸。而多稱讚、少批評就是維護他人面子的表現。當然，這不等於阿諛逢迎，而是要講究一種處世的智慧。

　　沃恩每年都會受邀參加某公司的雜誌評審工作，這個工作雖然報酬不多，卻是一項榮譽，因此，想參加的人也擠破門檻。可是，沃恩卻年年有此「殊榮」，這是為什麼？

　　有人問他其中的奧祕，沃恩微笑著說，他之所以能年年被邀請，是因為他很會給別人「面子」。他說，在公開的評審會議上他始終掌握一個原則：多稱讚、多鼓勵、少批評。對於雜誌編輯上的缺點，他會在會議結束之後，私底下告訴編輯們。

正因為沃恩顧慮到別人的面子，因此各雜誌的編輯人員每年都找他當評審！

面子在某種程度上說就是尊嚴。既然人們如此看重面子給自己帶來的尊嚴，那麼如果你懂得了維護別人的尊嚴，你的尊嚴就無處不在了。這樣才是真正的愛面子。

第三章　深入骨髓的毒—面子

第四章
走出自我的狹小空間

第四章　走出自我的狹小空間

　　不論在生活中還是在職場上，都不乏自私的人。特別是在同一組織中，因為利益所驅，每個人難免有碰撞。可是，如果把自己的幸福建立在別人的損失上，這種自私就是對他人的傷害。這種狹窄的人生格局注定做不出一番大事業，也不可能收穫人生的幸福和快樂。如果私欲熏心，不惜損失集體和社會的利益，更為人們所不齒，等待他們的只會是人生的悲劇。

　　人活著不僅僅是為了自己。除了為自己謀取利益和幸福之外，也要為他人、自己所在的團體以及整個社會謀取利益和幸福。這是一個人在社會上得以生存和發展的重要基礎，也是高尚品格的重要組成部分。如果你給整個世界帶來了更多的陽光與快樂，那樣，自己才是幸福的人。

自私之心是萬惡之源

　　「自私」從字面上來看，「自」是指自我；「私」是指利己。自私是人的天性，也是一種較為普遍的現象。沒有私，人就會無所求，社會就不會進步，人類也不可能發展。

　　可是，任何事物的發展都有一個限度，自私也是同樣，過猶不及。有程度上的不同。如果只計較個人得失、不講公德，甚至不顧社會歷史條件，不顧他人、集體、國家和社會的利益，一味想滿足自己的各種私欲。這種自私就太過分了。如果任這種不可遏制的私欲泛濫，就會像洪水猛獸，給

自己帶來無窮無盡的災難。

世上所有的政治紛爭都是來自於自私；生活中一切人與人之間不和諧的關係，全都來自於自私；那些私欲膨脹、走上犯罪道路的人也是自私得禍。不論他們自私的對象是名聲、資源或金錢，自私的態度就是主要的麻煩製造者。貪婪、嫉妒、報復、吝嗇、虛榮等人性弱點都是在自私的土壤上生長起來的。因此，可以說，自私之心是萬惡之源。一旦私欲膨脹，自私就會毀滅你的生活。

自私作為人性頑固的弱點，不但有著很強的滲透性和膨脹性，而且還會隨著時代的演變表現出不同的方式。特別是在目前市場經濟時代，利益當前，一些人的私心急遽膨脹。主要有以下幾種表現形式：

▌謀一己之私，害集體利益

現在有些企業中出現這樣一種情況，有些技術人員將本企業的某些專利技術或者核心商業機密剽竊並賣給其他企業，以換取個人的好處；有的盜用版權，以謀私利等。這些都是損人利己、損公肥私的證明。

再如，許多優秀的民間傳統手藝銷聲匿跡，原因就在於那些身懷絕技的師傅們有著嚴重的私心，他們擔心「傳給徒弟，餓死師傅」。因此，有的人終身不授後人，將技術帶入墳墓。

這些現象都是謀一己之私，害集體利益。

第四章　走出自我的狹小空間

▌以權謀私

　　政府部門或者企業單位的某些掌握一定權力的管理者，在權力之下為所欲為、肆無忌憚，用權力下賭注、作交易。

　　某製藥公司的採購人員在購買藥用輔料丙二醇時，以二甘醇假冒丙二醇，從而釀成多人死傷的慘劇。這位採購員有著多年採購經驗，理應了解採購的規範和要求，但是為了一己之私，居然放棄了這些原則。

▌以錢謀私

　　有些人為了拉關係，走後門，不惜用金錢、禮品去賄賂有權之人，打開謀私的門戶。那些行賄者就是證明。

　　在這些人看來，「利人者是傻子，利己者是聰明人」，他們把這種自私的心態在社會上傳播放大，逐漸變成了一種流行的趨勢。再加上社會制約機制尚不健全，有人看到他們確實從自私中撈到了某些好處，便趨之若鶩，紛紛模仿。最終，自私的蔓延導致極端的個人主義現象，使得社會風氣敗壞。

▌只顧小家庭的利益

　　在生活中，有一種自私的表現就是只顧自己小家庭的利益，不負擔自己應該負擔的大家庭的責任。比如，贍養父母等義務。

　　據新聞報導，有一名 80 歲老婦人育有 5 名子女，最終卻淪落到無家可歸的地步。因這些不孝子女都不願贍養母親，老太太只好露天搭帳棚住了兩個多月，而且帳棚還是鄰居們幫忙搭建的，每天的生活用水也是他們提供的。

　　雖然，有些兒女有給老太太生活費，並且也常來探望。但是沒有一個子女願意把老人接到家中贍養。

　　親生母親竟然不願意贍養，這是為什麼？因為兒女們自私，擔心把父母接到自己家中贍養會損害自己小家庭的利益。為了自己小家庭的利益考慮，他們寧肯讓父母獨自一人面對生活的艱難。

　　這樣的兒女之所以拋棄父母，也是因為他們的私心所在。

▌感情上的自私

　　有一種自私不是貪圖利益，而是來自感情上。

　　有位母親在對女兒的感情上十分自私。這位母親在女兒的婚事上從來不理會兒女的感受，而是自己做主。為了能夠讓獨生女兒方便伺候自己，她把女兒嫁給了其貌不揚的鄰居，親手毀了女兒和心上人的幸福。雖然女兒沒有公開反對，但她一直生活在仇視母親的心理對抗中。

　　人只要有私心必定會為了謀取自我利益去損害他人利益。因此，以上不論哪種形式的自私，都為社會道德所不

容，在一定程度上危害著社會風氣。

　　古人曰：「私欲既懷了胎就生出罪來」，據犯罪心理學家分析，一些罪犯的相同之處，就是他們大多具有極端自私、狹隘的弱點，凡事以自我為中心，一旦感到別人妨礙了他們，便實施報復。同時，自私也是一切痛苦和煩惱的原因。因為自私的人總是試圖把天下的財、色、名、食等通通占有，如果被別人占有，自己得不到，就會產生種種痛苦。因為自私，所以時刻為名譽、金錢、財富而擔心著，一旦失去就感覺煩惱和痛苦。一旦私欲太盛，利令智昏，時時處處以自我為中心，以損公肥私和損人利己為樂事，在滿足其一己之私的過程中，不惜損害公益事業，不惜妨害他人利益。這樣的人即便是比別人多撈取了一些利益，也不會從社會的意義上獲得真正的幸福。可見，自私讓生命的負擔變得多麼沉重，不論是身體上還是心靈上，都會經受著煉獄般的痛苦與煎熬。

　　既然自私，會將我們推入生命的死路，那麼，有這個弱點的人們就需要正視自己的弱點。如果你過分自私，不但對自己的成長不利，也不利於周圍人際關係的和諧，更不利於團隊的發展。因此，就要想辦法改變自己這個弱點，積極主動去感受奉獻，在仁愛無私的陽光雨露沐浴下健康地成長。

自私自利最終會失利

　　有三隻老鼠呼朋引伴一塊去偷油喝，可是油缸非常深，油在缸底，牠們只能聞到油的香味，根本就喝不到油。喝不到油的痛苦令牠們十分焦急。最終，牠們想到了一個很棒的辦法，就是一隻咬著另一隻的尾巴，吊下缸底去喝油。並且取得一致共識，大家輪流喝油，有福同享。

　　第一隻老鼠最先吊下去喝油，牠在缸底想：「油就只有這麼一點點，如果分享我怎能喝夠？不如自己就痛快喝個飽。」於是，牠不顧上面同伴的召喚，只顧自己埋頭喝油。

　　第二隻老鼠見狀想：「下面的油已經不多了，萬一讓第一隻老鼠喝光了，那我豈不是要喝西北風嗎？乾脆自己跳下去喝個痛快淋漓！」於是，牠迫不及待地跳下來。

　　第三隻老鼠看到這種情況，想到：「油那麼少，等牠們兩個吃飽喝足，哪裡還有我的份？既然前面兩位大哥不顧他人，率先破壞了遊戲規則，我何不跳到缸底去解解饞。」

　　於是出現了這樣的情況：第二隻老鼠狠心放了第一隻的尾巴，第三隻老鼠也迅速放了第二隻的尾巴，牠們爭先恐後的跳到缸裡頭去，都想一次喝個夠。可是，沒想到，缸深壁滑，牠們從此再也逃不出油缸……上面那些沒來得及跳進油缸的老鼠只能看著同伴們的屍體哀號。

　　迫不及待跳下油缸的老鼠本來想獨享好處，結果卻什麼

也沒有得到，上演了集體的悲劇。這都是因為自私矇蔽了雙眼啊！

如果說老鼠太愚蠢了，可是，在生活中，因為自私自利而最終失利的人並不少見。竊國大盜袁世凱就是因為私心太重，試圖把國天下變成家天下，結果好夢不長便被人們趕下臺，最後一命嗚呼。進入 21 世紀的法制社會，也有許多高官因為私心太重而不惜以身試法的悲劇出現，這都是因為自私的本性所決定的。

不論是位居高位者還是普通人，凡是自私自利的人都是占有欲強的人，他們個人主義嚴重，缺乏同情心和集體意識，心胸狹窄，奉獻精神較差，做事斤斤計較，愛講條件。自私自利的人常常為了掠奪他人的財富而心機用盡，哪怕一點雞毛蒜皮的小事也要斤斤計較，唯恐吃虧。他們往往最後因小失大，最後什麼也得不到。結果當事情的發展事與願違時，就會增添許多煩惱。

在家庭婚姻中，小強就是一個十分自私的男人。他在每一件事上只會在意自己的感受，在意自己在家裡是否獲得了各方面的滿足，從來不會換個角度去想想妻子是怎麼想的。他從來不會主動與妻子分擔家務事，他覺得做家務是女人與生俱來的責任，他也不會因此感激妻子。令人生氣的是，他有錢時總會大方的為自己添衣置物，而對於妻子，則是勸她

去買地攤貨。在他看來，老婆就是義務保姆，沒必要打扮漂亮。如果因此吸引了更多男人的眼光，他絕對不能接受。

不僅如此，自私自利的他，甚至連婚前財產也加以隱瞞，就連結婚後購置的房屋過戶也是他自己的名。他擔心有一天妻子知道後與他平分財產。雖然他這樣斤斤計較，時刻打著自己的小算盤，但是，最終，妻子因為實在無法忍受他的自私，和他離婚了。因為兒子歸妻子撫養，法院判決小強房屋產權的一半應該是妻子的。

小強不僅家庭不幸福，而且在職場中，也因為他過於注重自己的利益，心胸狹窄，和上下級的關係相處不容洽，所以他的事業很難有發展。

最後，小強機關算盡，得不償失。

生活中，不論男人還是女人，做人都不能太自私。因為自私的人大多都是短視的，他們總是分裂個體和集體、社會的關係，把自我利益和他人的利益、和集體的利益、社會的利益相對立，不懂得大河有水小河滿的道理。他們總是把身邊的人都看成競爭對手，並且為了追求自己的私利而不擇手段。他們不能站到他人的角度去思考問題，當然也得不到雙贏的結局。因為他們最先破壞了遊戲規則，也注定會最先被淘汰出局。

同樣，組織的發展也是同樣，不能只顧一己之利，不顧

給社會和自然環境帶來的損失。

我們知道，發展是企業永恆的主題。但在企業經營實踐中，有些企業家通常將發展理解為數量規模的增長，而忽視了與周圍環境的協調，甚至將發展與周圍的環境對立起來，不惜以犧牲環境為代價，結果，最終制約了企業的發展。因為這些企業最先破壞的是自己的生存環境和長遠發展的利益。而這些只看重自己的利益的企業，生命週期都比較短。因此，企業領導人必須正確地處理短期利益與長期利益的關係，要學會在短期的繁榮與長遠的存活中求取平衡。只有注重追求長遠利益的企業，才能實現基業常青。

因此，不論是個人的成長還是組織的發展，都要明白這樣一個道理：不能僅為個體謀福利。除了為自己謀取利益和幸福之外，也要為他人、自己所在的團體以及整個社會謀取利益和幸福。這是每一個人、每一個組織都必須履行的職責。只有和社會良性循環發展，個體才有茁壯成長的基礎。

打破自私的狹小格局

自私的人大多是格局小的人，他們一般眼光比較短淺，凡事只打自己的小算盤，直盯著鼻子尖下面的蠅頭小利。他們只關心自己的私利，反而錯失了更大的利益。這種狹隘的格局，束縛了他們的發展，注定沒有遠大的成就。

　　古代，國君要從兩位聰明的大臣中選擇一人擔當宰相。可是兩個人的才華難分伯仲，於是國君出了一道難題：兩人分別在城郊建一座宅子，先建完的人可以擁有這座宅子。

　　接到任務之後，兩人便開始了宅子的建造。其中一個人自私地想：只要我日夜趕工就能先建完，那麼宅子必定是我的。於是，他找來全國最好的工匠，用豪華時尚的原材料，開始日夜趕工，很快宅子就建成了。這個人看著這座金碧輝煌的宅子，想像著自己住在裡面的情形，樂得合不攏嘴。

　　與此同時，另一個人找來很有經驗的工匠，用了一些結實耐用的原材料，也如期完工了。

　　當兩人同時面見國君時，國君帶著眾臣先去看了那個豪華漂亮的的宅子，只見宅子金碧輝煌，國君滿意地說：「你竟然能在這麼短的時間建造出這麼優質的房子，真是很有能力啊！」那個人聽了暗自高興，心想：看來國君要將宅子賜給我了。

　　接著國君和眾臣去看了第二座宅子，一走進去就看見一群孩子在學習，國君很驚訝。這個大臣急忙解釋說：「多年戰亂耽誤了孩子們學習的時間，因此我一開始就按著學府的規模建造。請陛下治罪。」

　　國君聽後深受感動，對眾臣說：「這個人就是我朝的宰相了。」

第一位大臣聽後不解地問：「陛下為什麼選他？」

國君說：「宰相必須要有胸懷天下的心，而你卻只為自己考慮，即使有才能也只是庸人罷了。」

由此可見，自私限定了成功的格局。故事中那個自私的大臣因為自己的私欲而忘記了要為百姓考慮的使命，最後失去了國君對自己的信任。

也許有人說，我不想成功，我也不想當官發財，只想做個平民百姓，自私一點又有什麼不好呢？那也不利於你形象的樹立，影響你在親朋好友間的口碑傳播。

要識別自私，需要一雙慧眼。因為凡是小格局的人，他們的私心總是被漂亮的外衣包裹著，不是明碼標價。因為自私者本人也意識到了這樣做動機不純，因此，他們常常會以各種手段掩飾自己。比如，明明是多吃多占，卻說是工作需求；明明是損人利己，卻說是替他人著想。正因為自私具有如此的隱蔽性，所以在日常生活中，你千萬不要被他們的花言巧語所矇騙。要用自己的慧眼識別他們的動機，並且幫助他們改變自身的弱點。

要想識別那些自私的人，就需要從他們平時的為人處世中注意觀察他們的特徵。

一般來說，自私的人不論在工作還是在家庭生活中幾乎都有以下特徵：不關心他人，只關心自己要求的是否得到滿

足。他們從來不做多餘的工作，對於別人的付出絲毫沒有感激之情。對於他們來說，自己是這個世界的中心，周圍的一切都是為了滿足他們的需要而存在的。他們缺乏愛心，總喜歡斤斤計較，擔心自己吃虧。或者在金錢和財物上吝嗇貪婪，自己的東西不願與人分享，而別人的東西卻拿得越多越好。比如，在企業中，時常有這樣的現象：同一個班的工人，有人先幹完會主動幫助別人；有些人先做完後卻不願意幫助別人。這種不肯幫助別人的人就是典型的自私的人。當然，這樣的人常令人生厭，也很難交到知心朋友。如此，自私自利的人也很難得到真正的快樂和幸福。長久下去，他們會感受不到生活的樂趣，會變得鬱鬱寡歡，處於這種憂鬱的情緒中，最終將影響他們的心理健康。

因此，認識到自私的危害，就需要採取辦法克服這個弱點，拓展自己的人生格局，做一個處處受人們喜愛的人。

▍多為他人著想

如今絕大多數大學畢業生都是獨生子女，從小到大一直是家庭中的「小皇帝」，長大後也很容易形成了自我為中心的意識，不善於合作，不顧及他人的立場。因此，對於那些私心嚴重的孩子，在家庭中，家長需要讓孩子分擔合適的家務勞動，讓孩子感到家庭每個成員都是相互依存的，應當互相關心、互相愛護。

第四章　走出自我的狹小空間

等他們走到社會上，在職場中，上司要引導他們看到自己和集體之間的連繫；讓他們感受到自己的工作離不開其他同事的配合，並非某個人獨自的貢獻；引導他們多為別人著想。這樣，他們就會得到別人的信任與愛戴，也是為自己的發展做著必要的鋪墊。

▌學會關愛他人

自私的人總是渴望得到他人的關心和幫助，從來沒有想到去幫助別人。因此，要讓他們明白一個道理：如果你期望被人關心和喜愛，你首先得關心別人和喜愛別人。

對於自私心嚴重的人，可以引導他們幫助他人做些力所能及的工作，比如，幫助鄰居取報紙送信，幫助社區的孤寡老人等。在這個過程中，他們就會感受到人與人之間的溫情，逐漸學會關心他人。

▌學會合作

自私的人都是獨來獨往的人，不善合作。因此，孤獨自閉也常常與他們結緣。要克服這個弱點，就需要讓他們和班級、集體等組織中的其他成員團結互助，共同完成集體活動。在這個過程中，幫助他們克服狹隘自私、害怕吃虧等錯誤思想。

▌多參加社會活動

自私的人通常不願意承擔任何責任，尤其是社會活動。在他們看來，參加那些無關的社會活動，自己就會失去自由，不能輕輕鬆鬆地享受生活。因此，面對這種情況，需要讓他們明白一個道理：生活在這個社會中，每個人都有自己的位置和角色，不論是在家庭中、工作中、學習中還是公共場合，都承擔著角色賦予，或者說加之於你的責任。參加社會活動也是承擔責任的表現。在社會活動中，也有助於感受他人的愛心，形成大公無私、樂於助人的集體主義意識。生活中，我們都需要別人的幫助才能獲得更大的成功，千萬不要讓我們的私心限定了自己成功的格局。因此，自私的人，要擴展人生格局，需學會關心別人、幫助別人。這不僅可以贏得別人的尊重和喜愛；而且，也會給你帶來滿足感，增強你與他人交往的自信心；同時也能突破狹隘自私的眼前利益，提升自己的境界。

要有一顆利他之心

在利益面前，通常人們都會你爭我搶，試圖分到最大的利益。可是，這往往會造成兩敗俱傷或者徒勞無功的結局。很簡單，僧多粥少，互不相讓的結果就是誰也得不到。因此，只有想到他人，滿足他人的利益，個人的利益才有保證。

第四章　走出自我的狹小空間

　　拿人們最熟悉的推銷來說，如果推銷員自顧自地只介紹自己的商品如何好，肯定不會打動人心。很簡單，他沒有指出商品對消費者的好處，如果消費者購買產品能夠得到什麼利益。因此，那些最聰明的推銷員都會站到消費者的角度考慮，指明自己推銷的商品能為消費者帶來什麼益處。這就是利他的表現，自己的目的也能達到。雖然是主觀為自己，客觀為他人。

　　這種推銷看起來簡單，可是，假如一個自私自利的人心中從來就沒有裝著他人的利益，那麼就不會做出有利於他人的行為。

　　小猴和小鹿結伴出玩，散步到河邊，忽然小猴發現河對岸有一棵結滿果實的桃樹。

　　小猴說：「我先看到桃樹的，桃子應該歸我。」說著就去過河。小鹿說：「是我先看到的，應該歸我。」說著也過河去了。但小猴個子矮，走到河中間，被水沖到下游的礁石上去了；小鹿雖然到了桃樹下，不會爬樹，怎麼也搆不著桃子。

　　這時身邊的柳樹對小鹿和小猴說：「你們兩個只看到自己的利益，結果誰也得不到。改掉自己顧自己的壞毛病，好好想想怎樣配合才能吃更多的桃，問題不就解決了嗎？」

　　於是，小鹿幫助小猴過了河，來到桃樹下。小猴爬上桃樹，摘了許多桃子，自己一半，分給小鹿一半。最後的結果自然皆大歡喜，都吃得飽飽的，高高興興地回家了。

生活中，但凡自私的人總是「我」字當頭。他們總是最先考慮自己的利益、感受。我要怎樣就怎樣，以為世界為自己轉動。其實這是一種不近情理的作為，是心智還未成熟的表現。每個人生活在這世界上，都與他人有著千絲萬縷的連繫，如果一個人只想到自己，只為了自己的利益行事，那他是很難在這社會中立足的。

很顯然，當我們自私時，就看不到他人的需求，就不會把他人放在心上，對他人的一切都漠不關心。我們對他人漠不關心，那麼他人自然也不會對我們關懷備至。結果，一味自私自利，常常會在不知不覺中傷害到別人，從而為自己製造許多敵人，阻礙自己的成功。因此，為了創建一個良好的人際交往環境，我們應該盡可能地為對方著想，改掉自己自私自利的壞習慣，培養自己的利他心。

傳說在明末清初，蘇州鄉下住著一家趙姓的農民常年在外謀生，妻子領著三個兒子在家種田。等孩子漸漸長大了，這位農民把田地劃為三塊分給每個兒子，都以種茶樹為主。

有一年這位農民從廣東回家，帶回一捆花苗，隨便地將它栽植在大兒子的田邊。誰知，無心栽花花自開，一朵朵白色的小花散發著淡淡的清香。

有一天，大兒子驚奇地發現自家茶田裡所有的茶樹都沾染了小白花的香氣。他不聲不響地採了一筐新茶，到城裡賣，沒想到，茶葉十多分鐘全部賣光。消息不脛而走，前來

訂購「香茶」的人擠滿了大兒子的庭院。這一年，趙家大兒子賣「香茶」發了財。

他的兩個弟弟知道後，認為哥哥的「香茶」是父親栽種的香花所致，因此，賺來的錢應該平均分配。哥哥當然不答應。兄弟間為此一直吵鬧不休，最後找到鄉里的一位老秀才，讓他評評理。

老秀才得知三兄弟吵鬧的原因後說：「你們知道嗎，香花就是財神菩薩，她來到這裡本來是為了讓你們發財，可不是為了讓你們因為各自的利益而鬧得四分五裂。如果這樣，你們誰也得不到香花了。

老大聽了老秀才的話後，首先提出把自己的地和兩個兄弟換一年，讓他們也發發財。可是，兩個兄弟想到這樣會傷害哥哥的利益，於是，他們誰也不再提分取利益的事情。而是團結起來，共同栽花，你澆地，我施肥，誰也沒有怨言。這樣，在哥哥的幫助下，不但兩兄弟都種上了這種開小白花的茶樹，一家人共同致富了，後來，全村的鄉親在他們的帶領下都發了財。

有一顆利他的心，並不是不要個人利益，或者個人只分最少的利益，而是要明白只有想到他人，讓他人的利益得到滿足，才能享受人人為我的成果。而且這種成果通常比自己奮鬥得到的要大得多。因此，為人處世，不能不明白這個道理。

一個具有利他精神的人，不會跟別人斤斤計較，他懂得

包容別人、與人合作，同時還把幫助他人作為一種樂趣。這樣，更有益於社會交往，也有利於自己的身心健康發展。

一個具有利他精神的人，不僅表現在不爭名爭利，勇敢捨棄自己的利益維護大家的利益，還表現在大難當頭時能夠捨生忘死，大公無私並且因公忘私。

羅馬詩人盧克萊修（Titus Lucretius Carus）說：「高尚者和卑劣者的區別在於：前者能夠克服自私這種本性而以無私的給予代之，而後者則任其肆意橫行。」儘管無私並非都要捨棄生命去換取。但是，如果平時自己的心中沒有無私、關愛他人的情懷，即便大難臨頭，也無法表現出來。

中外歷史上那些被人們所稱道的英雄們無一不是公而忘私、捨小家為大家的人，因此，他們的英名永遠為人們所記取。那些防守邊疆的人們，那些在最艱苦的地方奮鬥的建設者們，如果不是把自己的私利放在末位，如果只顧自己小家庭的幸福，怎能做到身先士卒、任勞任怨？正是因為他們先大家後小家的奉獻，人們的生活水準才得以逐步提高。因此，只有把個人的私利放在末位，面臨重大的考驗時，才能首先考慮以大局為重，維護集體利益乃至他人的利益。

儘管在這個世界上每個人都會有自己的需求，但是絕不能讓自己變為一個十足的利己主義者，那樣等於自我貶低人格。只有境界高遠、胸中裝有他人和社會的人才是一個高尚的人。

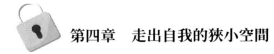

助人是快樂之源

　　一個小女孩看見一隻蝴蝶被荊棘弄傷了，於是小心地為牠拔掉刺，讓牠能夠重新展翅飛翔。後來蝴蝶為了報恩化為仙女對小女孩說：「請你許個願吧！我會幫助你實現。」小女孩想想說：「我希望生活永遠快樂！」後來，這個小女孩果真快樂地度過了一生。而仙女告訴她的快樂的祕方就是，力所能及地幫助身邊的每一個人。

　　在那些自私自利的人看來，助人就是給予，無論精神還是物質，既然自己失去了擁有的那部分，怎能談得上快樂呢？其實，助人是一種心靈的享受，在別人感激的回眸那一瞬間，你會感受到一種幸福的滿足感。因為生活中，人和人之間需要相互關心和愛護。不論強者還是弱者，都有需要他人扶助和關愛的時刻，不是在物質上就是在精神上。那些自私自利的人，之所以感受不到生活的幸福感，多半是因為他們不顧他人和社會的利益，只計較個人得失，結果，他們永遠也得不到別人的幫助與關懷，自己也生活在冷漠、孤寂的生活中。

　　由此可見，生活中，有些人將自己的人生之路越走越窄，完全是由於自私這種人性的弱點造成的。這種人缺乏起碼的仁愛之心，不懂得關愛他人，特別是美好的東西絕對不能與他人分享。因此，那些私心嚴重的人，不妨改正自己的這些缺陷，有一顆樂於助人的心，那麼人與人之間的相處就

會變得融洽與溫馨。

　　一位貴婦人的花園十分漂亮，吸引了周圍不少窮孩子前來觀賞。當然，為此也踐踏了一些草坪。

　　結果，這位貴婦人的管家想出了一個聰明的辦法。第二天，花園的門前插著一個木牌，上面寫道：近期花園裡發現了一種罕見的毒蛇。如果哪位不慎被毒蛇咬傷，一定要在半小時內採取緊急救治措施，否則就會毒發身亡。最後告訴大家，離此地最近的一家醫院在威爾鎮，驅車大約 50 分鐘即到。

　　這真是一個絕妙的主意，那些貪玩的孩子看了這塊牌子後，都擔心被毒蛇咬傷喪命，再沒人敢進入這座美麗的花園遊玩了。當然，花園的主人也感到安靜了許多。可是，只有一年多的時間，這位貴婦人發覺自己竟然有一種莫名的孤獨、寂寞感。自己獨自一人守著偌大的花園，感覺不到一點快樂。原來，孩子的吵鬧聲也是會令人懷念。想到這裡，這位貴婦人斷然做出決定，向孩子開放花園。這下，歡樂和喧鬧重新又回到了花園中，也回到了這位貴婦人的心中。

　　其實，幫助別人就是幫助自己，關心別人就是關心自己。只有生活在互相幫助、互相關心的社會裡，才是一種莫大的快樂和幸福。因為，能助人說明你有愛心，能助人說明你有能力。在助人中顯現了自己的價值，難道不令人感到滿足的愉悅嗎？哪怕你只是舉手之勞，但是為他人獻出的也是一片暖暖的關愛，為他們營造的也是一個幸福的天堂。哪怕

第四章　走出自我的狹小空間

只是一個熱心的問候和鼓勵，也足以溫暖人心。因為他們力所能及地在幫助應該幫助的人。

而且，我們在幫助別人的同時，我們的胸懷變得更加寬廣；我們的境界也得以提高，不再只是關注自己的蠅頭小利，生活在自私的狹小天地中。因此，可以說，學會助人，你便擁有快樂；學會助人，你便走近幸福；無論何時何地，你學會了助人，你的心情便永遠陽光燦爛；學會助人，曾經陰暗自私的心靈也會被滋潤、被照耀，溫暖如春……那時候，我們一定會感受到雙倍的快樂和幸福。

回眸五千年的中華文明，助人為樂的道德傳統源遠流長。綜觀西方社會，助人為樂同樣為人們所倡導。那些被人們所稱道的人物，他們都有一個共同的特點，就是把助人當成人生最大的快樂。他們因此而享受到的快樂和愛戴是一個唯利是圖、見利忘義的小人不可想像的。

不論是普通人還是身家過億的巨富，力所能及地幫助他人正在蔚然成風。我們知道，企業家都是看重利益，甚至唯利是圖的。可是，當今，許多企業家熱心慈善事業，他們這樣做，是因為自己在奉獻愛心中實現了人生的另一種價值，得到了社會的認可，心靈也得到了溫暖的安慰。只是因為，奉獻愛心讓他們步入了人生的新境界、新天地。

不論是貧窮的人還是富裕的人，付出愛心力所能及地幫助他人就是最大的快樂。在這種互助的關愛中，人們的心靈

102

得到淨化，人際關係變得更加和諧，社會也變得更加美好。

　　我相信，這種助人為樂的愛心種子到處播撒，定能融化那些自私的人們冰箱一般冷漠的心。

利人利己最易成功

　　在非洲草原中，號稱草原之王的獅往往長期處於飢餓之中，是什麼原因呢？答案就是獅子捕獵的時候都是只顧自己，獨來獨往。當它孤軍奮戰，好不容易追捕到一個獵物，要坐下來休息片刻好好享受時，草原裡另一種食肉動物 —— 鬣狗，則是成群奔跑來，從這個草原之王嘴裡搶食！這些鬣狗有數百隻，少的也有幾十隻，它們很少自己獵食，即便獵到食物也不會獨自分享，而是共同分享。

　　雖然單隻鬣狗對於強大的獅子來說根本不值一提，可是成群的鬣狗團結起來卻讓這個叢林之王卻步 —— 爭奪的結果，往往是獅子在旁邊看鬣狗分享自己辛苦狩獵的成果，等到鬣狗吃完了揀一些殘羹剩飯聊以果腹。

　　獅子的悲劇就在於自私，不想和同伴分享。可是，這樣自私自利其實最容易吃虧。因為自私往往不能與他人和睦相處，利益面前永遠都只想到自己，將別人視為自己獲得利益的障礙，因此處處提防著別人，結果常常因為「孤軍作戰」而落得個「寡不敵眾」的下場。而鬣狗之所以能夠成功的法則就是利人利己。

第四章　走出自我的狹小空間

佛日：「要想一滴水不乾涸，唯一的辦法就是把它放到大海裡去。」作為一個社會中的人，要展現自己的人生價值，只有投入到社會這個大海中，互動共進，形成一股湧動的激流。如此，良性互動才能推動著社會不斷向前發展。

在創業者的行列中，靠利人利己創富的不在少數。

大多數人都認可勤勞發家，機遇致富。可是，最近，有人對美國 1,000 多位富翁進行了調查，結果歸納出了最常見的發家類型有三種。第一種為勤勞型；第二種為機遇型；第三種為利人利己型。更為有趣的是，80％的受調查者靠的是利人利己起家並成為富翁的。

同樣靠利人利己取得成功的還有新加坡一個女企業家。這位女企業家在創業之初就是本著利人利己的目的起步的。比如哪家的孩子生病了，她就為那家人聯絡私人醫生；哪家的汽車輪胎壞了，她就會去為他們尋找修輪胎的人員。就這樣日復一日，她將附近所有的服務業門路都摸得很清楚，同時在服務別人的期間她也累積了良好的信譽。後來，因為她的巨大號召力。她開辦了一家公司，而這家公司最後竟然成為了新加坡最著名的世界 500 強企業。

成功竟然這麼簡單，只做對自己有利對他人有利的事情就可以了。

為什麼利人利己能夠成功呢？

其實，利人利己有著深厚的文化根源。先人在幾千年前就教導我們說：「天地所以能長且久者，以其不自生，故能長生。是以聖人後其身而身先，外其身而身存。非以其無私邪！故能成其私。」縱觀歷史上那些受人擁戴的人物，無一不是打破了狹隘的自私自利的局限，「先天下之憂而憂，後天下之樂而樂」的。因為他們始終都考慮著大眾的利益，自然也受到民眾的支持。

而且，就是在當今社會，不論各行各業，受到大眾擁護和愛戴的人也是把利人放在首位，在他人的利益得到滿足的同時自己的利益也得以實現。

其次，從個人素養的提升方面來說，樂於助人、利人利己是一種境界。它不只展現了人類寬廣的胸懷，更展現了人性樂觀向上的一面。

從經濟角度來分析，利人利己本身就是最好的形象和口碑。樹立了良好的形象自然就擁有了人脈的支持，事業怎能不成功呢？而且，你為人人，人人為你，這樣的資源組合就會產生 1 加 1 大於 2 的效應。擴大增多的資源能夠分享給他人，就會看到更多的利益。

當然，利人利己不僅表現在人際關係方面，大而廣之可以推廣到有利於社會和環境。特別是企業在發展過程中，企業家們應有立於社會和諧發展、利於環境的觀念。雖然，從

第四章　走出自我的狹小空間

短期來看，這樣做的益處可能並不明顯，但是，只有這樣，企業才能贏得深入人心的支持，才能持續發展。

當然，要想達到利人利己的目的，就需要提升自己的價值，增加跟別人交換的資本，同時尋求更多的可能，經由資源的相互交換，創造出更多的利益。

總之，每個只追求自我私利的人最終都會失去自我，只有超越自私，才能得到從苦難站立起的雙倍幸福！

第五章
貪婪是一貧如洗的別稱

第五章　貪婪是一貧如洗的別稱

　　一個財主不慎掉進水裡，在水中一邊掙扎一邊喊救命。然而岸上並沒有人。上帝見了，對財主說：「你若解下腰上包袱裡的黃金，不就可以遊上岸嗎？」財主聽了，生怕浪將他的包袱沖走，反而用雙手更緊地抓住包袱——就這樣，他沉入了水底，再也沒有機會浮到水面上來了。

　　貪婪是災禍的根源。對於貪婪的人，上帝也救不了他。為人處事，若貪慾過盛，則不免損害他人利益遭到眾人唾棄；經營事業若好高騖遠過於貪婪，事業難以長久。

　　「世上都曉神仙好，唯有功名忘不了！古今將相在何方？荒塚一堆草沒了。世上都曉神仙好，只有金銀忘不了！終朝只恨聚無多，沒到多時眼閉了……」凡事看淡一些，就不會耿耿於懷，就不會錙銖必較，就不會因爭名奪利而人緣盡失、頭破血流。

貪婪使人喪志

　　火山依舊在那裡，它並不總讓人看見。但是，沒有人知道什麼時候會突然噴發，一旦噴發，正踏在火山口的人只會毀滅。不管你是多麼榮耀，也不管你的攀登是否已經接近成功。

　　一般來說，凡貪心十足的人，凡想要把什麼東西都搞到自己手中的人，其中尤以貪財、貪色者為眾，但結局往往是搬起石頭砸了自己的腳。

　　貪得無厭的人總是沒有好下場的。

不過，因為貪得無厭這四個字具有相當大的「功能」。譬如說，它能「及時」地滿足人們一時的慾望，給人們帶來暫時的「忘情的歡樂」、「恣意的享受」和「莫大的刺激」，所以有的人會不顧一切地追求這個貪字，甚至不惜為它「殉職」、「殉身」。

貪得無厭的人往往都是極端的自私自利者，恣情享樂、欲望無邊。英國大思想家培根（Francis Bacon）曾經說過這樣一段話：「一個最可惡的人是一切行動都以自我為中心；就像地球以自己為中心而轉動，讓其他的星體在它的周圍環繞運行一樣。」自私、利己，是一切貪得無厭的人的共同特徵。他們恪守的信條是：人不為己，天誅地滅。

第一，認錢不認人。

俄國大文學家普希金（Aleksandr Sergeyevich Pushkin）說：「金錢萬能同時又非萬能，它遺禍於人，破壞家庭，最終毀滅了擁有者自己。」為什麼？就在於他們所關心的、所追求的只是錢，而且無論對自己或對他人，衡量的標準也只有一個：那就是錢。

第二，認錢不認理。

物欲化使人過於強調享受和占有，使人失去理性變得異常地貪婪。人要不要有物質的慾望？到了當今社會，這已經成了一個無需討論的「問題」了。物質欲望的確是人生存在的前提條件和根本保障。然而，如果一個人將物欲作為個人

唯一追求的對象，那就值得討論了。因為它必然會使人變成一個完全、徹底、純粹的利己主義者，人會因此越來越貪得無厭，越來越自私，越來越恪守「人不為己，天誅地滅」的信條，就會遠離群體，無法在社會中生存下去。的確，對金錢的過分崇拜會使人失去理智，使一個「明白人」變成「糊塗人」，導致人們貪得無厭，撈錢不計後果，不擇手段，什麼樣的錢都敢拿，什麼樣的錢都敢花。宋代學者程頤說：「淤泥塞流水，人欲塞天理。」在無限膨脹的金錢欲望下，人的良心、公德、職業道德、禮儀廉恥等通通都會被扔到九霄雲外，在這種情況下，人是很少會有理性的。

第三，認錢不認志。

人之所以是人，就是因為人活在世界上並不只是為了自己的生存，他應該透過自己的生命活動去實現自己的目標、抱負和志向，從實現自己志向的過程展現人的社會價值。也只有這樣才能獲得他人的尊重，獲得社會的承認，才能真正地實現自我的價值。因而凡是偉人，是從來不將金錢作為自己的最重要的志向的，總是心中裝有大目標，總是將偉大的事業、宏偉的抱負和志向作為自己畢生奮鬥的方向。也許正是由於信念的支持，才使他們忍受得住種種挫折和考驗。

當今的社會，有不少人本來是很有志向的，只是因為有的人心志不堅，在不良思潮衝擊下，因此而失去了昔日的雄心壯志，失去了遠大的理想，失去了美好的奮鬥目標。他們

的社會責任感日益弱化，什麼主義，什麼理想，什麼奮鬥，在這些人眼中通通都被拋到一邊，最終成為一名墮落的人。

第四，認錢不認法。

貪婪，實際上是一種不勞而獲的占有慾望，是想透過某種手段、某種方法將他人的「所屬」變為自己的「所屬」。因為這種占有慾望完全是一種過分的、不切實際的、想入非非的邪念，因此，為了實現這種貪得無厭的慾望，他就必須使用一般人想不出來的「誘人的絕招」，做出一般人想不出來的「使人上鉤的方法」。當然，這些「絕招」和「方法」大都是不道德的、帶有陰謀性的，甚至是違法的、犯罪的。

有的人為了實現自己過分的、不切實際的、想入非非的物質欲望，什麼原則，什麼公德，什麼職業道德，什麼做人的良心，什麼規章制度，什麼禮義廉恥通通都不要了，有的甚至不惜以身試法，以極其野蠻的、殘忍的、卑鄙的手段巧取豪奪，做那些違法犯罪的勾當。對此，馬克思（Karl Marx）早就有過深刻的闡述：對一些唯利是圖的資本家而言，「如果有 50% 的利潤，他就會鋌而走險；為 100% 的利潤，他就敢踐踏一切人間法律；有 300% 的利潤，他就敢犯任何罪行，甚至絞首的危險。」

第五，認錢不認「格」。

良好的人格是人性中最為寶貴的東西，它往往就表現於日常中的做人、為人之中，一個品德高尚的人不僅能禁得住

第五章 貪婪是一貧如洗的別稱

金錢的誘惑,而且是誠實、正直和有信用的。然而有些人,在金錢的誘惑下人格就會扭曲,對富人是一副嘴臉,對窮人又是一副嘴臉,為了某種需要,甚至會不惜出賣自己的人格去做那些不顧廉恥之事。

古人說:「凡人品敗壞者,錢財占了八分。」這句話是很有道理的。有不少人之所以變得那麼自私,那麼富有虛榮心,對一些人那麼諂媚、一副奴相,忘掉了做人、為人的道理,也許就是金錢這個魔鬼在作怪。一位當紅作家的「金錢不是萬能的,然而沒有金錢是萬萬不能的」名言為什麼那樣「深入人心」,就是與社會上這種過於強調金錢的傾向密切相關。結果怎樣呢?它會使人的行為始終圍繞著金錢轉圈。過去有一句「有錢能使鬼推磨」的大眾俗語,意思是說只要有了金錢,甚至可以讓「鬼」來為自己服務;現在呢,則變了,變成了「有錢能為鬼推磨」,表面上看只變了一個字:「使」字變成了「為」字,然而其含義卻發生了很大的變化:人的行為從「被動」變成了「主動」,其行為的格調怎麼會高呢?

總之,就像日本學者武者小路實篤在《人生論》中所說:「一味地滿足自己的物質欲望是一種利己的行為,定然不能產生與他人共通之物,在否定他人的同時,洋洋自得,尾巴翹到天上,採用此種生活方式的人四處樹敵,把反感的情緒帶給眾人,損害他人,窒息自己。」

不遏制貪念最終會得不償失

在北極圈裡，北極熊幾乎沒有天敵，可是，愛斯基摩人卻不用搏鬥拚殺就能輕而易舉地捕獲它們。正是因為愛斯基摩人掌握了北極熊嗜血如命的貪婪的弱點，才戰勝了這個不可一世的龐然大物。

愛斯基摩人捕獲的方法是：把動物的血凍結成冰，中間藏進一把雙刃匕首，然後把這種冰塊扔在雪原上。當北極熊聞到血冰塊的氣味時，就開始貪婪地舔著血冰塊。舔著舔著，舌頭漸漸麻痺，刀刃劃破了它的舌頭，鮮血湧出來。可是，貪婪的本性使北極熊繼續舔下去。最終，刀口越劃越深，鮮血越湧越多，最後北極熊因失血過多休克暈厥，輕易落入了愛斯基摩人的手心。

可能你會說，北極熊怎麼這樣笨？實在沒有辦法，貪婪的天性使然。那麼，人類就比北極熊聰明許多嗎？其實，生活中還有比北極熊更笨的人，因此，他們的下場不會比北極熊好。

在金融行業這個金錢堆砌的世界中，有個初出茅廬的年輕人，在短短兩年之內，就累積了兩千多萬的財富，賺取了許多中產階級二三十年的積蓄，何等風光。

可是，他並不滿足，心起「貪」念，想賺的更多，於是將全部資金又投入股市。結果不到兩個月的時間，不但千萬財富化為烏有，而且還負債累累。曾經的財富化為烏有，只

因為他欲壑難填。

由此可見，不遏制貪念最終會一貧如洗。

不論人們貪圖的是金錢、權力還是美色、名譽，最後只能滑進腐敗之門、踏上不歸之路。這一點，已為歷史所證明。

和珅可謂富甲天下，無人能敵。可是，最終，他得到了什麼？白練一條。

和珅的一生，是為追求金錢與權力費盡心機的一生，也是貪慾貪心不斷膨脹的一生。他得寵之後，更是恃寵生驕、不可一世。他專權二十餘年，不斷擴充勢力，大肆聚斂錢財，貪盡天下財富。他家所藏的一顆大珠比乾隆御用的冠頂還大。

和珅贓款之巨、手段之高、範圍之廣，堪稱清代歷朝之最。為了聚斂錢財，和珅不惜利用職權貪汙、索賄、受賄，甚至巧立名目。各地朝貢的禮品都得先經過和珅這一關。有一個山西巡撫專程送二十萬兩白銀給和珅，不但未見到和珅的面，連管家的面也沒見到，僅見個門衛就花了五千兩。和珅私自侵吞了貢品的十分之九。

可是，乾隆死後，他即被嘉慶帝賜死，並查抄其家產。和珅面對白練一條，寫下了四句絕命詩：「五十年來夢幻真，今朝撒手謝紅塵。他時水泛含龍日，認取香煙是後身。」

正如民謠中所述：「終日奔波只為飢，才得飽來便思衣。衣食兩般俱豐足，家中又少美貌妻。娶得嬌妻納美妾，出入

無轎少馬騎。騾馬成群轎已備，恨無田地少根基。買得良田千萬頃，嘆無官職被人欺。七晶五品猶嫌小，四晶三品仍覺低。一品宰相當朝做，又想君王做一時。心滿意足為天子，更望萬世無死期。種種妄想無止息，一棺長蓋抱恨歸。」

但是，這些血的教訓為什麼無法警醒世人呢？因為他們有僥倖心理作怪。

有些人認為「吃點拿點收點，不是什麼大問題」，這種心態使有些人忽視了貪慾之害。一旦有了第一次，就必然會有第二次、第三次……這不僅僅是因為心存僥倖膽子越來越大，由第一次的忐忑不安轉化為無所顧忌。同時，其價值觀也隨之發生本質的轉變，由「不應該」轉化為「理所當然」了。其次，「別人這樣，我為什麼不能這樣」，這種攀比心態使有些人忘記了貪慾之害；「你知我知，絕對不會出事」，這種僥倖心態使有些人模糊了貪慾之害。

但是，「要想人不知，除非己莫為」。建立在貪慾基礎上的攻守同盟、安全防線，在法紀的鐵拳面前往往不堪一擊。在貪婪之路上如此「賽跑」的人，等在前面的永遠只能是牢獄之苦甚至是殺身之禍。因此，一些大權在握者應該常給自己及時打「預防針」，遠離貪慾之害。當貪念開始升起時，別忘了提醒自己，貪念會把你帶到懸崖。

高官貪婪會走上腐敗道路，身敗名裂。但是，平民百姓如果不遏制自己的貪念，也會得不償失，付出沉重的代價。

第五章　貪婪是一貧如洗的別稱

有一對年輕的夫妻，看著僱主錢賺得多，就覺得每月四五萬元的收入不夠。向僱主申請提高薪資。但他們還是覺得不夠，於是屢屢要求。終於，僱主一家不高興了，將他們掃地出門。

小倆口看見貪心無法得逞後，從前寬裕的日子越來越遙遠。他們認為，是僱主一家害了他們。於是，實施報復，把僱主家一個九歲的小男孩誘騙出來，然後打電話索要 50 萬元。

當然，小倆口的陰謀沒有得逞。僱主一家立即籌集款項，並報警設下羅網。最後，小倆口被判了十幾年的刑。

可見，人們要為貪婪付出怎樣巨大的代價。

一位西方哲人曾忠告世人，「貪婪可以撕裂信仰的肌肉，麻痺感知的悟性。它懷疑未來的前景，而只看中眼前的實惠。」人們一旦被貪慾矇蔽了雙眼，即便是走向懸崖也會渾然不覺。因為他們只看到了自己將會擁有的，沒想到自己會失去什麼。他們不明白，索取越多會失去越多。他們不明白，任何資源都是有限的，你占去太多，別人得到的就會越少，打破了社會的平衡。如果不是自己的還要強加占有，更是為社會不容。

貪心貪慾永遠不滿足的人們，在血的教訓和一系列冷酷的現實面前，難道不需要反省自己嗎？難道不後悔：早知今日，何必當初？

索取越多，失去越多

如果你告訴那些貪心不足的人：一個人越貪婪，越是什麼也得不到，索取越多反而會失去越多。他們肯定不會相信，索取越多不是越好嗎？怎麼會什麼都得不到？

那麼，讓鼬鼠的故事告訴你，為什麼索取越多反而會失去越多？

在動物界，鼬鼠是種勤快的動物。它們整天忙忙碌碌，不停地尋找著食物，把吃不完的食物存到洞穴裡。據統計，鼬鼠一生要儲存 20 多個「糧倉」，足夠十幾隻鼬鼠畢生享用。

然而，鼬鼠最後卻被餓死了。擁有眾多「糧倉」的鼬鼠怎麼可能餓死呢？真是不可想像！

原來鼬鼠在晚年躲進自己的「糧倉」裡要享受時才發現，門牙無限生長無法進食，必須啃咬硬物磨短兩顆門牙才行。可是，當初年輕時只顧著儲藏糧食了，沒想到糧食以外的任何東西。總認為有了糧食就萬事大吉，誰知道現在看著成堆的食物卻無法享用。鼬鼠只能長嘆一聲，悽慘地餓死在成堆的糧食上。

鼬鼠的悲劇告訴我們，一味忙於索取，忘記維修保護索取的工具，最後得到許多也無法享受，甚至連命都會搭上。可見，像鼬鼠這樣的貪慾又有何好處？難道不是索取越多失去越多嗎？

第五章　貪婪是一貧如洗的別稱

人，一旦和鼬鼠一樣，陷入貪慾的陷阱裡，也會看不見隱患，看不見潛在的危機，也會上演鼬鼠這樣索取越多失去越多的悲劇。

在這方面，清朝鰲拜就是看不到身邊的潛在危機和隱患，結果索取越多失去越多。

鰲拜是順治皇帝在位時十分器重的功臣、忠臣。康熙初年，鰲拜是三朝老臣，且掌握輔政大權。可是，隨著鰲拜地位的變化，他的貪心也在不斷膨脹。

順治十八年（西元 1661）正月初八，年輕的福臨去世了。鰲拜的政治命運進入了一個轉折期。於是，鰲拜想得到更大的權利，更多的利益。他再也不像從前忠心扶持皇太極的兒子福臨那樣對待年幼的康熙了，一心想取而代之。在朝堂之上，鰲拜不但當著皇帝的面，喝斥大臣，甚至還常常當面頂撞小皇帝。最令人生氣的是，朝賀新年時，鰲拜居然和康熙一比高低。他身穿黃袍，僅其帽結與康熙不同。

結果，年少的康熙忍無可忍，羽翼豐滿後首先拿鰲拜開刀。鰲拜最終因擅權而被革職抄家、身死禁所。他的家族也受牽連。

由此可見，貪慾就是消滅財富、消滅地位，消滅才華、消滅成功的地方。不論你曾經功勞多大，地位多高，不論貪戀的是功名、錢財還是喜好等，一旦總想著索取反而會失去更多。

　　即便你身邊沒有危機四伏，他人覬覦，但是，從心理學上來說，一個人越是拚命追求某樣東西，越是得不到這樣東西。而且越在意自己所追求的，心理越恐慌，徒增壓力，給自己帶來意想不到的損失。如果自己能力和精力有限，如果對得到的東西不善於管理，那麼索取越多，浪費越多，最終還是會失去很多。

　　那麼，應該如何遏制這種過分的貪慾呢？要學會見好就收、適可而止。

　　在道家看來，任何事情都是過猶不及。事物總是相反相成的。《老子》曾說：「持而盈之，不若其已。揣而銳之，不可長保也。金玉盈室，莫之能守也。貴富而驕，自遺咎也。功遂身退，天之道也。」其意思是說：水已盛滿，不如停止下來。錘打金屬使它尖銳，難保不長（必遭挫敗）。金玉滿堂，沒有守得住的。富貴而驕傲，自己招災。功業成就，退位收斂，這是合於自然規律的。既然貪權攬勢是致禍的緣由，既然「禍莫大於貪慾，福莫大於知足」，那麼，不該伸手別伸手，應當駐足快駐足。知足知止就是避禍的法門，知足則不會遭到損辱，知其止則可以避開危險。這樣外可少樹敵招怨，內可以減怒保肝，既可平安於官場，也可快意於人生。

　　在中國歷史上，疏廣、疏受父子是懂得適可而止的明智的賢人。

第五章　貪婪是一貧如洗的別稱

西漢昭帝時，疏廣、疏受父子先後受命為太子太傅，太子少傅。父子二人並為太子之師，天子尊敬，大臣欽美，榮冠朝野。

任職五年以後，皇太子也長大了，父親對兒子說：「我聽說知足就不會受到侮辱，知足就不會有危險，功成身退，這是最符合事物發展規律的。你我父子，官至二千石，功成名就，現在一同離開長安，告老還鄉，終其天年，不是最好的結局嗎？」兒子叩頭道：「聽從父親的安排！」

於是二人稱病求去，漢宣帝送他們二十斤黃金，皇太子送五十斤；當他們離別長安時，滿朝公卿餞行於都門外，車連數百輛，路旁圍觀的人嘆讚道：「賢哉，二大夫！」

回到故鄉以後，他們以朝廷所賜黃金，每日擺酒設宴，廣請鄉里父老。有人勸他們道：「何不買點田產房屋傳給子孫？」疏廣道：「我豈是老糊塗了，不顧及子孫！我們家還有薄田、茅屋，只要子孫們辛勤勞作，完全可以滿足衣食之求。如若再多給他們添置財產，我擔心會使他們變壞。本來很賢明的，財產多了，便會胸無大志；本來愚昧的，財產多了更會去幹壞事。即便富有了，眾人也會嫉妒。我可不願意他們去做壞事結怨鄉親。這些黃金本來是皇帝賞給老臣養老的，拿出來同大家共同享樂，不是很好嗎？」因此二人在鄉裡中也很受人愛戴，平平安安度過了一生。

縱觀疏廣的言行，與後世的某些貪官，形成了十分鮮明

的對比。首先，他不貪戀權勢。如果他不主動提出辭官，漢宣帝會照樣給他以禮遇，而等到皇太子將來繼位，他們父子的權勢一定會隆盛無比，但他們卻毫不猶豫地放棄權勢。其次，他不貪財。幾十斤的黃金，也是一筆不小的財富，然而他不留不傳，全都用來宴請鄉親。第三，他不為兒孫謀。他既不為兒孫謀官，也不為兒孫積財，讓兒孫們自食其力。他清醒地認識到，為兒孫謀得太多，只會產生出一批紈絝子弟。比起疏廣來，後世的大官小官們不知愧不愧咎？

不論從事什麼職業，學會適可而止，見好就收可謂一條顛撲不破的真理。不僅在官場上發展需要適可而止，見好就收，就連投資炒股也需要見好就收。

人不可能一輩子都在成功的巔峰耀眼奪目，那些在貪婪的路上瘋狂奔跑的人們，與其有一天要在在無止境的索取中啜飲自己釀的苦酒，不如適可而止，見好就收。學會功成身退，適可而止，也可以放鬆身心，享受生活的另一番滋味。這樣，才是一個完美的人生。

放棄多多益善的想法

年輕的獵人設計了一個捕捉野雞的裝置。他在一個大箱子裡面和外面撒了玉米，大箱子有一道門，門上繫了一根繩子，他抓著繩子的另一端躲在暗處，只要等到野雞進入箱子，他就可以透過拉扯繩子把門關上。

第五章　貪婪是一貧如洗的別稱

　　布下裝置的第一天，就飛來了一群野雞。獵人數了數，有 26 隻。一隻野雞發現了大箱子裡的玉米，進入箱子，緊接著又陸續進入了 10 隻。獵人想將箱子的門關上，但轉念一想，還是再等一等吧，說不定還會有更多的野雞進入箱子裡。他正為自己的想法陶醉，不巧 1 隻溜了出來，他想還是把箱子的門關上算了，但想到本來就屬於自己的 11 隻野雞現在只剩下了 10 隻，又不甘心。他決定等箱子裡再有 11 隻野雞後就關上門。然而就在他等第 11 隻野雞的時候，又有 2 隻野雞跑出來了。他想等箱子裡再有 10 隻野雞，就拉繩子。可是在他等待的時候，又有 3 隻野雞溜出來了。最後，箱子裡1 隻野雞也沒剩。變成真正的「捕雞不成反蝕了一把米」！

　　都說該出手時就出手，卻很少有人說該停手時就停手。整天忙忙碌碌，東索西取，生活的意義何在？人生的樂趣何在？

　　只要你擁有「多多益善」的想法，認為物質生活「越多越好」，你就永遠不會滿足。

　　每當我們得到什麼，或達到了某一目標，我們大部分人就會立即再繼續做下一件事。這限制了我們對生活中許多幸福的注意。

　　學會滿足並不是說你不能、不會，或不該想得到比你的財產更多的東西，只是說你的幸福不要依賴於它。你可透過更著眼於現實，而不是太注重你想得到的東西來滿足於現有的一切。

　　你可以建起一種新的思維來欣賞你已享有的幸福，以新的眼光看待你的生活，就像是第一次看到它。當你建起這層新的意識，你將會發現，當新的財產或成就進入你的生活，幸福的邊際效應會提高，而生活也將會變得更加快樂。

　　即使在西方，也有這樣一種凡事皆不可過貪的思想。因此，古希臘神話總是充滿寓意的。伊卡洛斯藉著裝在身上的蠟翼飛得很高，但是在接近太陽時，熾熱的陽光融化了翅膀，他也墜海而死。而他的父親卻飛得很低，安全抵家。一個人往往會隨年齡之變化而使自己的思想更為成熟，同時也會更多地減少人生中因為貪婪而造成的錯誤。

將名利看淡再看淡些

　　人生在世，主觀上追求什麼，就能從根本上決定一生的命運。追求功名利祿的人，整天考慮的是他人對自己怎麼評價，必然活得很累。自覺追求淡然恬靜的人，毫不在乎榮辱毀譽，按照自己的原則做人，做個古人所說的：「沒事漢，清閒人」。

　　個人在與社會、與集體相處的時候要和諧，盡量把小我融入大我之中，必要時甚至需要達到忘我的境界。但是，在自然之「我」與精神之「我」這對關係中，又應強調後者，即物質生活可以清貧，精神生活卻應富有。不管外界有多少有形無形的枷鎖，精神意志卻是自由的，「澤雉十步一啄，

百步一飲，不蘄畜乎樊中，神雖王，不善也」。山雞寧願走
十步或百步去尋到飲食，也不願被關在籠子裡做一隻家雞；
帝王雖然神聖，卻也沒有什麼好的。這一點，與西方的「存
在主義」代表人物沙特（Jean-Paul Sartre）似乎不謀而合。
薩特在他的《蒼蠅》一劇中，借眾神之王朱比特（Jupiter）
之口說：「神與國王都有難言的痛苦，那就是 —— 他們羨慕
人類是自由的。」

　　「看淡名利」不是無所事事、遊手好閒，而是精神自由
的人，自由是寶貴財富。誠如盧梭（Jean-Jacques Rous-
seau）所說：「在所有的一切財富中，最為可貴的不是權威
而是自由。真正自由的人，只想他能夠得到的東西，只做他
喜歡做的事情。」「放棄自己的自由，就是放棄自己做人的
資格，放棄人的權利，甚至於放棄自己的義務。」當然；自
由不是隨心所欲，任何自由都是有限度的，有規則的，所謂
「絕對的自由世界」純屬子虛烏有。

　　　世界給予人們的種種誘惑，會使人有許多慾望和野心。
這些慾望和野心往往使人執迷不悟，心態封閉，一心只想奪
取和獲得，從而產生出許多牽掛、憂慮、顧忌，心中負荷很
重。一些先哲為了給世人排解煩惱和痛苦，提出了各種各樣
的忠告，大意是講人要獲得真正的人生，就要大徹大悟，無
慾望，無念頭，化萬念為無念，不被名利牽著鼻子走，這樣
才能放鬆自己的身心，永遠快樂。可是這種高層次的境界，

不但沒有被人接受，反而被說成是心灰意冷，不求上進。有的人還就這個問題大發感慨：「什麼無慾無求，全是那些文人吃飽了飯沒事做，撐得慌；什麼慾望和念頭都不要了，那麼人到世上來做什麼？飯也不要吃了，覺也別睡了，學習、工作和結婚生子都沒有必要了，還不如死了算啦！」這種感慨實際上沒有真正領悟到先哲們大徹大悟的精髓，只是望文生義，是一種狹隘的心態，也是世俗的社會和日漸敗壞的精神風貌的產物。

法國作家大仲馬有一句名言：「人的腦袋是一座最壞的監獄。」落後的傳統的思想觀念、生活方式和舊的思維方式，一旦在一個人的頭腦裡形成，就很難擺脫而形成思維障礙。

應該說名利並不完全是壞東西，那也是人們的正常慾望，每個人都想生活得更舒適和更輕鬆，對名利的追求是可以理解的，完全用不著遮遮掩掩。

這種正常的慾望引導得好，個人的自制力和秉性較高，還能激發人們的創造熱情，激勵人們奮發向上，積極做出貢獻，從而推動整個社會的進步。假如一個人對一切都滿足了，對任何新鮮美好的事物都無動於衷，什麼事也激發不起他的熱情，更不用提為之行動了。如果人人都處於一種無慾無求的境地，一天到晚什麼事也不做，那麼社會就會停滯不前，陷入癱瘓狀態。但一個人名利思想過重，利慾熏心，為了名利不擇手段，甚至損害他人的利益，名利就會反過來束

第五章　貪婪是一貧如洗的別稱

縛自己，使人動彈不得，心境浮躁，成了名利的囚徒或奴隸。

我們所提倡的看淡名利，並不是鼓勵大家無所事事、不求上進，而是強調在做人時的一種心態。具體從做事來說，無論是從政、經商，或者是搞學問、藝術，都要把眼前的每一件事情做好，做得漂漂亮亮，有益於自己，有益於人民，有益於社會。把眼光放到整個社會利益的角度上，從狹隘的自我享受中解脫出來。

「捨得」是千古不變的真理

洛克斐勒（John Davison Rockefeller）說：「當鮮豔的薔薇含苞欲放時，唯有剪除四周的枝葉，才能開放得更加迷人。」凡是成就一番事業的人們都知道什麼對於自己來說是最重要的，什麼是自己要捨棄的，他們在面臨取捨時也會做出像香奈兒聰慧的、豁達的選擇。

香奈兒正是因為勇於捨棄公爵夫人的桂冠才享有了令全世界無數女人心動的品牌。

1928 年，當英國首富威斯敏斯特公爵（Duke of Westminster）第一次和香奈兒用餐後，公爵便愛上了她。於是，每天香奈兒都能收到一份別出心裁的禮物，有時是一籃來自蘇格蘭的鮮花，有時則是一枚天價的古董胸針。公爵展開的追求攻勢是任何女人都無法抵擋的。如果香奈兒願意嫁給公爵，她不僅可以得到公爵夫人的稱號，而且，她將成為歐洲

126

最富有的女性之一。

　　但是，在人生的關鍵時刻，面臨這個重要的選擇，香奈兒發現公爵夫人頭銜有可能限制她發展自己的時裝帝國，可時裝是她最愛的、不能割捨的。因此，經過 6 年的纏綿和煩惱的折磨後，香奈兒最終還是放棄了這段感情，因為「有成堆的公爵夫人，但是，香奈兒只有一個」。

　　香奈兒雖然沒有成為令人羨慕的公爵夫人，但是，她享有了全世界上令無數女人心動的品牌 Chanel ！

　　在人生的長河中，需要我們追求的東西太多太多。可是，如果以有限的生命和精力去追求無限，這就好比我們把一小杯顏料倒進大海中，很快就會擴散，沒有蹤影。因此，我們應該隨時調整自己的生命點，把同樣的一杯顏料倒進一杯水中，那麼，肯定效果很明顯，會凸顯我們的人生價值。因此，勇於放棄，是為了找到更適合自己的，能發揮自己優勢的職位。

　　放棄，是意志的昇華，是精神的超脫，是一種人生境界。放棄痛苦才能快活，放棄俗氣才能高貴，放棄邪惡才能仁慈。聰慧的人勇於放棄，高超的人樂於放棄，精明的人擅長放棄。理解放棄的人才會擁有更多。放棄對權力的無限追逐，隨遇而安得到的是寧靜與淡泊；放棄對金錢無止境的掠奪，得到的是安心和快樂；放棄對美色的無度占有，得到的是家庭的溫馨和美滿⋯⋯

第五章　貪婪是一貧如洗的別稱

　　因此，當我們感到某些身外之物已經成為自身心靈的負擔時，不妨放下這些外在的負擔，把自己從記憶的苦海中解脫出來，俐落地做人和享受生活，然後腳踏實地地繼續開創屬於我們自己的幸福生活。如此，心靈的淨化未嘗不是一種幸福。

　　《菜根譚》上有一句話是：完名美節，不宜獨任，分些與人，可以遠害全身；辱行汙名，不宜全推，引些歸己可以韜光養德。

　　不論是在工作還是在生活中，如果你肯捨棄一些名利或者其他好處給他人，就會贏得良好的人際關係，他人也會心甘情願地為你服務。關鍵在於，你有沒有決心改變自己貪婪的弱點的勇氣。

　　在現實生活中，要做到捨棄好處、捨棄甜頭可不容易做到。試想，誰不想多吃多占好處。即便是那些已經達到巔峰、有權有錢的人，他們對自己擁有的名利地位等也並不滿足，試圖占有更多的好處。君不見，在職場中，上司長官總是評先評優、立功受獎歸己所有，爭榮譽、搶位子、比比皆是，出現問題，責任往他人推、往下級推，四下尋找能為他「背黑鍋」人。

　　既然做事業需要眾人捧柴，既然，生活中離不開他人的幫助，如果總是把成功的花環戴到自己頭上，他人怎能心理平衡？那樣，得不到眾人的支持，事業也無法做大。即便在生活中，也無法構建起和諧的人際關係，無形中在身邊灑滿

了帶刺的荊棘。因此，你不妨把自己的貪心捨棄一些，把那些名利的甜頭也分享給他人。如此，人們還會不擁護你？

我們知道，三國爭戰劉備很得人心。為什麼？因為他捨得名分和利益，肯用這些來收買人心。

官渡之戰剛結束時，劉備率數萬人進攻許昌，結果被曹操出奇兵打得大敗。劉備領殘兵逃至漢江沿岸，處境十分狼狽。但是，他沒有標榜自己決策是多麼正確，斥責將士們是怎樣執行不利。恰恰相反，他把高帽子戴到了將士身上，卻自貶身價。他說：「諸君皆有王佐之才，不幸跟隨劉備。備之命窘，累及諸君。今日身無立錐之地，誠恐有誤諸君。君等何不棄備而投明主，以取功名乎？」

諸將聞聽劉備劉皇叔居然抬高自己，肯定自己的才幹，即便是劉備指揮錯誤也毫無怨言，並瞬間轉化為同仇敵愾之激動。

看看，劉備只是嘴上功夫就贏得了人心。

看起來這麼簡單的嘴上功夫並不是所有人都能做到。特別是位居高位的人，一旦要捨棄名利，讓別人看低自己，他們認為還不如把自己殺死。

與劉備形成鮮明對比的就是袁紹。袁紹就是個捨不得名分地位的人。袁紹一度勢力強大，威震中原，可是他貪心太重，不但把好處獨自一人都占有。而且總是推過攬功，最後手下人才各奔東西。

既然幹事業，有成功有失敗。如果領導人攬功推過，有了問題總是下屬的，有了成績總是自己的，這個組織一定會逐漸人心渙散，倒閉了事。因此，組織中的領導者更需要適當克制自己貪圖功名的慾望，特別是在成功時，要捨得把甜頭讓下屬分享。

　　俗話說：捨得，有捨必有得。你捨棄的是名分，換來的會是堅定不移跟隨你的人心。值得一提的是，肯於捨棄，並不是一種人人都能學會，立竿見影的處世方法，而是領導人見識和胸懷的展現。是平時注重個人修養的結果。肯給別人甜頭也是人格力量的展現。

　　肯把好處和別人分享，領導人的心胸將能逐漸開闊，見識將能逐漸豐富深刻，相互間的善意能夠增強，信任能夠逐漸加深，上下就會團結一心，努力奮鬥。這不僅有利於與部下建立相互支持的和諧關係，更能促使部屬在今後的工作中真正放開手腳、發揮最大潛能，成就更大事業。

這樣戒貪最有效

　　商業社會，要真正做到完全脫離物質而一味追求人格高尚純潔確定很難。但只要有了人格追求，起碼可以活得輕鬆瀟灑些，不為物質累，更不會為一次晉級、一次漲薪而鬧得不可開交。既不會因此鬧得心中悶悶不樂，鬱鬱寡歡；也不

會為功名利祿而趨炎附勢，出賣靈魂，喪失人格。現實生活中，每個人都可能有一兩次這樣的經驗和體會，當你放棄利益，保住人格時，那種欣喜愉悅是發自肺腑的，淋漓盡致的。一個坦坦蕩蕩、人格純潔的人，他的心是寧靜安逸的，而汲汲營營的小人，其心境永遠是風雨飄搖的。

但凡貪圖物質享受的人，他們的生活往往容易陷於糜爛，而精神生活空虛不堪，同時也不會有高尚的品德，因此他們為了能得到更高層次的享受，就不惜用任何手段去鑽營名利，甚至於擺出一副卑躬屈膝的態度也在所不惜。為人處世，如果不本著「君子愛財取之有道」的原則而過分追求生活享受，不但會做出損人利己的舉動，還會觸犯刑律惹出滔天大禍。

那麼，該怎樣戒掉使人墮落的貪婪呢？以下幾點，可作為人們自戒的參考。

- ◆ 多克制一點自己不切實際的、過分的欲望，這就是說不要縱欲，要節欲。
- ◆ 多想一想「若要人不知，除非己莫為」的簡單道理，這就是說作為一個人要理智一點，不要耍小聰明，不要聰明反被聰明誤。
- ◆ 多想一點法律的威力和自己的前途，這就是說，即使為了自己的將來也不能做那些違法亂紀和傷天害理的事。

第五章　貪婪是一貧如洗的別稱

- 多想一想悲劇性後果對自己家庭、妻子、孩子的影響，這就是說一個人要多一點責任感，包括自己在家庭中的責任。
- 多對自己或大或小的權力進行約束，這就是說一個人在有權時也不要得意忘形，不要肆無忌憚。
- 多對自己的言行作反省，這就是說作為一個人要加強自己的人格修養，隨時隨地地嚴格要求自己。

　　一個人大致做到了上述幾點，就不會貪婪了。

第六章
嫉妒如火，傷人害己

第六章　嫉妒如火，傷人害己

　　容不得別人的光芒是一種嚴重的心胸狹隘的表現，在此基礎上產生的嫉妒，不但傷害他人，也燒灼著自己的靈魂，生活中，也難以收穫友誼與合作。

　　明智的做法是帶著陽光的心情對待身邊的每一個人，看到他人的優點，學習他人的長處，為對方的成功鼓掌。那樣，我們也能成長壯大，自然會感覺到生活是快樂的。

嫉妒是危害健康的毒瘤

　　嫉妒是一種病態心理，覺得別人比自己強，或在某些方面超過了自己，進而產生了一種摻雜著憎惡與羨慕、憤怒與怨恨、猜疑與失望、自卑與虛榮以及傷心與悲痛的複雜情感。嫉妒，作為人性的弱點，每個人或多或少都有一點。

　　培根曾說：「在人類的情慾中，嫉妒之情恐怕是最頑強，最持久的了。」嫉妒的人是可悲的，不能容忍別人的快樂與優秀，有的挖空心思採用流言蜚語進行中傷，有的採取連自己都不齒的卑劣手段。嫉妒的人又是可憐的，他們的心理自卑、陰暗，享受不到陽光的美好，體會不到人生的樂趣，生活在他們的黑暗世界裡。詩人艾青比喻它為「心靈上的腫瘤」。

　　小藝與小麗是大三學生，同是表演藝術系。小麗活潑開朗，小藝性格內向，雖然他們來自不同地區，有著不同的家庭背景，可是，入學不久，兩個人成了形影不離的好朋友。

但是，在小藝看來，她們感情上的接近並不能消除現實的距離。小麗像一位美麗的公主，處處都比自己強，把風頭占盡。對此，小藝心裡很不是滋味，逐漸覺得自己像一隻醜小鴨。特別是在快畢業時，小麗參加了電視臺的舞蹈比賽，並得了優等，不但在全校無限風光，在社會上也有了知名度，很多企業聘請她去做廣告。

小藝得知這一消息妒火中燒，想到自己畢業工作無望，她抑制不住自己的憤怒，趁小藝不在宿舍之機，將她的參賽服裝剪了個洞，還謊稱是老鼠咬的。

小麗發現後，萬分痛苦，想不通為什麼自己要遭受這樣的對待？

小藝的這一表現就源於強烈的嫉妒。

嫉妒最原始的本質就是地位低的人對地位高的人的怨恨。嫉妒者容忍不了別人超過自己，害怕別人得到自己所無法得到的名譽，報酬，或者一切他認為是很好的東西。在他看來，自己辦不到的事最好別人也一事無成，自己得不到的東西別人也擁有不了，不拚個兩敗俱傷不罷休。

在人類歷史上，嫉妒這個人性的弱點由來已久。只是，在當今競爭日加激烈的時代，人們的嫉妒心理有了廣闊的土壤，表現形式也更加令人不可思議。有些是公開宣戰，有些是放冷槍暗箭。

第六章　嫉妒如火，傷人害己

　　特別是在職場中，辦公室政治的主要表現也是由於嫉妒引起。

　　其實，職場中，憑著美貌得寵的並不少見。只是多數人遇上這樣的事情，雖然心裡不滿，但能睜隻眼閉隻眼，不過分計較。可是，愛嫉妒的人會表現出來，或者直接找長官去辯理，或者和他看不慣的人打上一仗，或者悄悄地用心計和自己的「假想敵」勾心鬥角。這就是典型的「職場酸葡萄心理」。

　　而且這種「職場酸葡萄心理」不僅表現在對「假想敵」身上，有時還會對「假想敵」身邊的人表現出明顯的攻擊性。

　　據媒體報導，一名酒店的員工，居然因為嫉妒他人歡笑而大打出手，結果被警察拘留。

　　一天，該員工在酒店門口與 3 名女同事一起聊天。可是，一位青年卻搶了他的風頭，與女同事有說有笑。對此，該員工心裡感到很不舒服，便上前把那名青年叫到路邊的巷子內，用拳頭擊打其腹部。那名青年奮力逃脫後，該員工又手持木板窮追不捨，行為蠻橫之極。

　　當怨恨你的人無法直接打擊你本人時，他常常會找方法傷害你的朋友或心愛的人，讓他們當場出醜，這種類似黑手黨的「橫向報復」也是源於嫉妒。而他們嫉妒的理由簡直令人不可思議。

　　莎士比亞（William Shakespeare）曾經說過：「像空氣一樣輕的小事，對於一個嫉妒的人，也會變成天書一樣堅

強的確證；也許這就可以引起紛爭。」在別人看來無足輕重的事情卻會引起他們的嫉妒，就是因為這些人有一顆狹隘的充滿仇恨的心。

史賓諾沙（Baruch de Spinoza）說過：「嫉妒是一種恨，這種恨使自己對他人的才能和成就感到痛苦，對他人的不幸和災難感到痛快。」一旦我們被嫉妒的毒蛇纏上，那麼生活中就會有太多的事引起我們的不平和憤恨。別人衣著比自己的光鮮，我們會憤憤不平；別人比自己多和上司說了一句話，我們會鬱悶一整天；別人的男朋友比自己的帥，我們也會嫉妒。

好嫉妒者由於總是處於對自己的不滿，對他人的憤恨以及事與願違的情緒煎熬之中，其心理上的壓力和矛盾衝突會導致對身體的劣性刺激，使神經系統功能受到嚴重影響。一個人一旦受到嫉妒心理的侵襲，往往會痛苦不堪，停滯不前，甚至喪失理智，總是以損害別人來求得對自己心理的滿足，以致做出蠢事來。

這是由嫉妒的特點決定的。嫉妒具有這樣的特點：一是針對性。正如培根所說：人可以允許一個陌生人的發跡，卻絕不能原諒一個身邊的人上升。即嫉妒者總是嫉妒與他有連繫的人。當看到與自己有某種連繫的人取得了比自己優越的地位或成績，便產生一種不服、不悅、失落、仇視的忌恨心理。

第六章　嫉妒如火，傷人害己

　　二是對等性，嫉妒的對象總是與自己職業、層次、年齡相當，但超過自己的人。嫉妒者總是與別人攀比，看到別人的優勢就眼紅，就羨慕，由羨慕又轉化為渴望，由渴望轉為失望、焦慮、不安、不滿、怨恨、憎恨。

　　三是潛隱性，即嫉妒心理大多潛伏較深，行為較隱密。因為嫉妒者本身也知道嫉妒是一種不好的心理，因而一般都只能把它掩藏在內心。所以，當我們遇到一些永遠都憤憤不平、永遠都見不得別人成功、跟別人談話時永遠都是用酸溜溜的口氣、對別人做的事永遠都抱持懷疑或批評態度的人時，不要懷疑，這些人可能都戴著面具隱藏自己的嫉妒。

　　正因為是埋藏在內心不敢輕易或者公開向對手表露，所以心靈才備受折磨。一次次的痛苦循環，使得心理負荷越來越重，終日被自己的嫉妒所折磨、撕裂、噬咬，使得嫉妒者內心苦悶異常。也就是說，有嫉妒心理的人往往內心有一種極端的、說不出的痛苦，這是內心失去平衡後的一種表現形式。

　　嫉妒的受害者首先是嫉妒者自己，因為他要經常處於憤怒嫉恨的情緒中，看到別人快樂他卻痛苦，勢必影響自己的學業，工作和生活。嫉妒者懷著仇視的心理和憤恨的眼光去看待他人的成功，而自己卻在這種不良的情緒中受到極大的心理傷害。

　　巴爾札克（Honoré Balzac）說：「嫉妒者所受的痛苦比任何人遭受的痛苦都更大，因為他自己的不幸和別人的幸

福都會使他痛苦萬分。」因此，當嫉妒心理侵擾時，嫉妒者會心煩意亂，會痛苦，會憤恨，從而影響身心健康。

據醫學家臨床發現，嫉妒心強的人容易得身心疾病。研究結果表明，嫉妒能造成人體內分泌紊亂，消化腺活動下降，腸胃功能失調，經常腰痠背痛和胃痛腹脹，夜間失眠，血壓升高，脾氣暴躁古怪，性格多疑，情緒低沉，久而久之，高血壓、冠心病、神經衰弱、憂鬱、胃及十二指腸潰瘍等身心疾病就和嫉妒者如影相隨了。

人的一生難免遇到各種各樣的痛苦和煩惱，這是不以人的意志轉移的，但嫉妒者比一般人更苦惱，他們所受的痛苦也比任何人的都大。他們自己的不幸和別人的幸福都會使他們痛苦萬分。嫉妒者既仇視和詆毀別人的成功，又哀怨自己的無能，終日自尋煩惱，自討苦吃。因此，為了自己生活的幸福和身心的健康，還是讓我們儘早從心中挖去嫉妒這顆毒瘤吧。

嫉妒的怒火最終會燒燬自己

嫉妒多表現為千方百計把被嫉妒者搞垮。這是一種可怕的毒焰。我們常常形容胸中騰起這種毒焰的人為「妒火中燒」，嫉妒者恨不得將對方一口吞下肚去，用他的滿腔妒火將其化為灰燼。嫉妒者原本是想害人，結果卻是害了自己。

一個鮮花盛開綠草如茵的山坡下，有一條歡樂歌唱著流向遠方的小河；山坡上，有一塊凹凸不平的石頭。這塊石頭

的心裡被嫉妒忌火燃燒著。

「這個世界太不公平了！你瞧那小河，它飽覽了世上的風光，逛遍了天下美景，它憑什麼？憑什麼？而我被整日固定在這山坡上，享受不到周遊世界的樂趣，也無人聽到我心中的悲歌……唉！太不公平了！」

石頭身邊的花草看到它怒氣沖天，咬牙切齒的樣子勸它：「算了吧，石頭大哥，在這個世界上，各人有各人的樂趣，你何必因為別人的快樂而痛苦呢？你這樣，不是也很逍遙自在嗎？」

然而石頭聽不進勸告。它決心豁出命去，阻止小河的歡樂。

終於有一天，機會來了，一個牧羊人來到這兒。「牧羊大叔，求求你！請把我抱起來，放進那條小河裡去。我要和小河一同去周遊世界的生活。」石頭請求著。

「可是……」牧羊人想說什麼，但是這塊妒火中燒的石頭根本不容他說，再三懇求著。

牧羊人無奈，只好把它放在了小河裡。然而它太重了，只隨著小河走了幾步，但一頭跌進一個深坑裡，出不來了。

現在，它既無法阻止小河的歡樂和奔跑，也無法從深坑裡出來，每時每刻還要受小河從它身邊經過時的奚落，它的痛苦更深了。

由此可見，妒火不僅使嫉妒者的五臟六腑如灼如焚，而

且會使他的大腦也因受到烤炙而失去理智。嫉妒不但會把自己的道德、情緒引向低級和庸俗，而且會把自己的聰明才智引向邪路。一倍的嫉妒和瘋狂的報復，會換來十倍的痛苦。

正如莎士比亞所說：「嫉妒是綠眼的妖魔，誰做了他的俘虜，誰就要受到愚弄。」嫉妒會使人失去理智，甚至造成不可估量的損失。雨果（Victor Hugo）說：「凡是嫉妒的人都很殘酷。」一個被嫉妒燒昏了頭的人，內心的痛苦肆虐奔湧，他恨不得自己的頭顱就是一塊隕石，好把別人深深地砸倒在地，豈不知，最終砸中的卻是自己。由此可見，嫉妒是一種卑下的情感，一倍的嫉妒，會帶來十倍的痛苦。

在歷史的軍事家中，周瑜是位很了不起的風度翩翩的美男子，年紀輕輕就執掌江東大都督要職。尤其他在赤壁大戰中，更顯出叱吒風雲、謀略高人、指揮得當的政治軍事才能。但是，他的致命弱點就是嫉妒心重。

比如，在取得火燒赤壁大戰成功後，竟容不下與他共同抗曹的諸葛亮的存在，並密令部將丁奉、徐盛擊殺諸葛亮。如此過河拆橋，實在讓人心寒。

原來，足智多謀的諸葛亮處處高周瑜一著，尤其在關鍵時刻，事事想在周瑜之前。正因如此，周瑜忌妒得寢食難安，隨時想除掉諸葛亮。而孔明總先於周瑜謀害前就有了防備，這更使周瑜一次比一次憋氣。最後，嫉才、欲加害孔明的結果，反把周瑜自己給活活「氣死」。

第六章　嫉妒如火，傷人害己

　　一代英雄就這樣自掘墳墓，害人而最終害己。

　　嫉妒心強的人總是用別人的缺點來懲罰自己，用別人的優點和成就折磨自己。自己的光陰和生命就在對他人怨恨中毫無價值地消磨掉。

　　在職場中，嫉妒心重的人一旦看到他人超過自己，不是想辦法提升自己的能力而是借助造謠、中傷、刁難等手段貶低他人，安慰自己。一旦對方面臨或陷入災難時，就隔岸觀火，幸災樂禍。但是，任何聰明的領導者都不會容許自己的手下有這樣的員工製造內耗。

　　有個人飼養著山羊和驢子，他總是給驢子充足的飼料。

　　忌妒心重的山羊便對驢子說，你一會要推磨，一會要馱沉重的貨物，十分辛苦，不如裝病，摔倒在地上，便可以得到休息。

　　驢子於是聽從了山羊的勸告，摔得遍體鱗傷。主人請來醫生，為牠治療。醫生說要將山羊的心肺熬湯做藥給驢子喝，才可以治好。於是，主人馬上殺掉山羊去為驢子治病。

　　那些愛嫉妒的人，如果不想得到山羊一般的下場，那麼，就下決心改變自己的弱點吧。否則，連後悔都來不及！

拋棄嫉妒這把雙刃劍

　　多數嫉妒者都缺乏自信力。他們自己不思長進，也不許旁人出人頭地。由於嫉妒心太強，別人的一切優勢——才華美貌也好，功業名望也好，財富地位也好，他們都覺得是對自己的一種直接威脅，因而很容易把自己由嫉妒而產生的失落感，恐懼感，化為一種敵意投射到優秀者身上。結果，在中傷他人的同時，自己也得到深深的傷害。

　　該隱和亞伯都是亞當和夏娃所生，是一對親兄弟。他們都獻祭物給上帝。上帝看重了亞伯所獻的祭物，而沒有接納該隱所獻的禮物。該隱怪他的兄弟，先是氣的睡不著覺，吃不下飯。後來，他乾脆不跟兄弟亞伯說話。

　　直到有一天。妒火中燒的該隱竟把親弟弟亞伯引誘到田裡殺害了。他自己從此也受到上帝的懲罰，不得不離家出走，過著逃亡的生活。

　　嫉妒是一把雙刃劍，雖然打擊了別人，但同時也傷害了自己。因此，嫉妒這把雙刃劍會同時把雙方砍落馬下，造成兩敗俱傷的結局。

　　嫉妒最明顯的特徵就是永遠都不會欣賞甚至讚美他人。當別人得獎時，從來不會和他們一起慶祝、公然讚賞。他們的內心只藏著不為人知的怨恨。

　　比如：一位女性在參加宴會時，只要發現比她更漂亮、

第六章　嫉妒如火，傷人害己

更搶眼的女性，就會故意忽視她。如果無法避免直接會面時，就會假裝很驚訝地說：「噢，對不起，我沒有看到你！」即便是不得不握手，也會只伸出指尖，短暫地接觸之後，馬上就把手拿開。

對此，被嫉妒的人往往深感痛苦，因為他們不明白為什麼？

有位老闆曾經痛苦地說：讓我難以理解的是，周圍的一些人仍然對我存在一種明顯的仇富心理。雖然我對他們也不薄，村裡的公益事業我也捐了不少錢，但總有人無事生非，在彼此的商業往來中反目為仇。

最近我又看到一些報導，說某某因為什麼致殘。這些案件都與仇富心理有關。我真的弄不懂那些仇富者的心理。

米格爾·德·塞凡提斯（Miguel de Cervantes）說：「嫉妒是萬惡的根源。」雖然，遭到別人嫉妒的人自然是痛苦的，但嫉妒別人的人由於終日沉溺於對別人的嫉妒之中，沒有充沛的精力去思考如何提升自己，最後延誤的是自己的前途，並且還會造成人際關係的緊張。如果一旦有別有用心的人利用你們之間的矛盾挑撥是非，那麼，雙方受到的傷害會更大。因此，讓我們認清嫉妒的危害，徹底拋棄嫉妒這個雙刃劍。

從根源上來說，嫉妒是由於過於關注「我」的利益造成的。嫉妒總是以私心為起點，以私欲為目的，總怕別人比自

己強從而對自己不利。因此，要根除嫉妒心理，首先根除這種心態的「根基」──自私。只有驅除私心雜念，才能正確地看待別人的成就。

你不妨換位思考，別人的優秀給團隊帶來了哪些進步，給家庭帶來了什麼好處，給鄰裡關係帶來了什麼和諧的音符。不站在一己之私的角度考慮，從大局考慮，相信你就會改變對他人的看法。

▌認清自己

「人貴有自知之明」。固然，每個人都有強烈的進取心，都渴望成為第一名。但冠軍只有一個，一個人不可能事事都走在人前，處處都能超越別人。只有客觀地了解自己的優勢和劣勢，現實地衡量自己的才能，認識到不斷超越自己就是進步，才可以避免嫉妒心理的產生。

▌他人的位置不一定適合你

別人做了領導者，當了老闆，別人成功了，成為人們羨慕的對象。可是，他們的位置不一定適合你。你看到他們為此付出的許多代價了嗎？如果你本身就是淡迫名利的人，或者不肯也不願意忍受成功帶來的諸多社會雜務的紛擾。那麼，又有什麼好嫉妒的呢？別人當縣長市長，你只適合當教師，不也很好嘛？何必嫉妒？

第六章　嫉妒如火，傷人害己

▎提升自己

　　嫉妒的起因就是看不慣別人比自己強。既然感到自己才高八斗，是騾子還是馬不妨拉出來給大家看，背後嫉妒算什麼英雄？只是，如果你成功了，也不可小看他人。你只不過在狹小的平臺上獲勝，如果在更高的平臺上挑戰，你有勝利的把握嗎？那麼，就集中精力，不斷地學習，使自己的知識、技能、身心素養不斷得到提升，才是主要的。否則，你的時間總是用來嫉妒，不就落伍了嗎？

▎完美個性因素

　　但凡嫉妒心理極強的人，都是心胸狹窄、多疑多慮、自卑、內向、心理失衡、心態不良的人。他們總認為一旦別人得到了自己想要的工作或等待的機會，自己的生活將跌至谷底。為了擺脫這種局限和破壞的心態，要努力完善自己的個性因素，提高自己的心理素養，用健康的心態面對生活。可以讓自己灑脫一點，告訴自己，新的機會隨時都會有。當你知道這世上機會有很多時，便沒什麼好嫉妒的了。

▎開拓視野

　　因為嫉妒總是和身邊的人較勁，因此，這種人需要開拓自己的視野，要衝出地域的限制，眼光不能只有幾公里。想一下，如果你總是把身邊的人看成對手，欲置死地而後快。

可是，當你們需要對付共同的競爭對手時，難道不需要聯合起來嗎？否則，因為嫉妒你們首先兩敗俱傷，協力廠商就可以坐收漁翁之利了。

合作而非競爭

不論在職場上還是在社會生活中，沒有人能夠獨自成功，既然認識到這一點，就應該把對手變為幫手。互相取之所長，共同進步，做大蛋糕才能分得更多的蛋糕。

給自己一個不嫉妒的理由

人們之所以嫉妒他人，是因為總是注意到別人的優點。可是，你是否發現自己也有許多比別人強的地方啊。發現自己的優點，就會使自己心中失去平衡的天平重新恢復到平衡的狀態。

聰明人會揚長避短，尋找和開拓有利於充分發揮自身潛能的新領域，這樣在一定程度上補償先前沒能滿足的慾望，縮小與嫉妒對象的差距，從而達到減弱乃至消除嫉妒的目的。

不要讓嫉妒在孩子的心靈扎根

既然嫉妒是人性共有的弱點，因此，小孩子心中的嫉妒我們也不能忽視。特別是現在獨生子女多的情況下，孩子們更不能容忍他人超過自己，因此，要正確引導他們。

大林四歲了，上幼兒園。可是當老師表揚其他小朋友時，他總會悶悶不樂，經常故意攻擊那些受表揚的小朋友。

　　這天，大林下午放學後對媽媽說：「我再也不去幼兒園了，明明我疊的小飛機好，老師卻表揚月月的小飛機，他做的一點也不好。放學後我就撕壞他的飛機。」

　　看，小孩子的嫉妒心有多強。雖然這種行為在大人眼裡可能很孩子氣，但是如果放任不管，任其發展下去，當孩子長大後會形成性格缺陷，變得心胸狹窄而且生活在仇視和報復中。因此，對於小孩子的這種嫉妒弱點也不能忽視，要注意正確引導。那樣，當他們長大成人後，社會才會少一些因嫉妒怒火而燒傷的人。

　　既然嫉妒只是給自己製造煩惱和痛苦，給自己樹立敵人，破壞和諧的人際關係，那麼，讓我們的心胸變得寬闊一些、包容一些吧。別人有所成就，我們要平靜地看待別人所取得的成功，學會發自內心地去欣賞別人，並且取他人之長補自己之短，我們的心靈就會平靜很多。

不妨以優秀人士為師

　　嫉妒者往往自我設限，總感到自己優秀，自己比他人強，因此，忽視了自己的短處。當一個人只看自己的優勢，不看他人的長處，不願意學習別人，怎麼能保持強烈的進取

願望呢？沒有了強烈的進取心，怎能進步？

曾風靡世界的美國拉鏈業，就是因為看不到日本企業等後來者的優勢，沒有學習他人的長處，從而喪失了競爭優勢的。

既然嫉妒是因為別人比你優秀，何不以優秀者為師，學到他們的優點，讓自己也變得優秀。否則，你越嫉妒，他們和你的距離越大，越會處處防範你。因而，一個人要想拋棄嫉妒，最好的辦法就是放開眼界，看到其他人的優點和特長，從中發現自己的不足和差距，下功夫學習他人，用他人的優點彌補自身的不足，使自己進入先進者的行列中。

既然嫉妒是因為不滿而引起，那麼就想辦法超越優秀者吧！前提是以優秀者為師，以他人之長補自己之短。

▍欣賞

但凡嫉妒者都很自戀，只是一味地喜歡自己、接受自己、接納自己，而看不到別人的長處。

俗話說「山外有山，天外有天」，只看到自身的優點是不夠的，還要學會用欣賞的眼光去發現別人身上的優點。你抱著欣賞的態度而非挑釁的姿態，高手才會心甘情願教你。這樣才能化嫉妒為競爭，找出自身的不足，努力使差距縮小，才有可能提升自己。

第六章　嫉妒如火，傷人害己

▌虛心

　　以優秀者為師當然需要虛心，要敢做小學生，不能像武林中人一樣處處擺出挑戰的姿勢。只有這樣，才能清醒地認識自我，不斷地去超越自我。

　　在這方面，即便大聖人孔子也是不恥下問，虛心學習，而不是因為嫉妒他人的才能而詆毀他人。

　　一天，孔子遊歷到宋國。有個小孩用土塊疊起了一個大圓圈，擋住路。

　　孔子下車問道：「你為什麼不給我們讓路呢？」

　　小孩說：「這是一座『城池』。請問大聖人，在路上遇到城廓時，是車讓城還是城讓車呢？」

　　孔子毫不猶豫地回答：「當然是車讓城啦。」

　　小孩用手指著那堆土塊說：「那好，那你就繞道吧。」

　　孔子環視四周，要繞道嗎，路途太遠，要從旁邊經過嗎，周圍又是莊稼，於是，就和氣地對小孩說：「你能不能把『城池』拆掉讓我們過去呢？」

　　小孩生氣地說：「你是個知書達禮的先生，怎麼能拆城讓車呢？」這下孔子顯得十分尷尬。

　　小孩見狀對孔子頑皮地笑著說：「如果你肯叫我一聲『先生』，我既不拆『城』，又能讓你過去。」

　　子路聽到這裡，忍不住訓斥小孩：「這位大聖人怎能向你

這個黃毛小兒拜師，不知天高地厚。」

可是，孔子卻制止了子路，只見他走到小孩跟前，躬身施禮，恭恭敬敬地叫了一聲「先生」。於是，小孩說：「既然你在『城門』外，我在『城門』內。現在，我把『城門』打開，你不就能過去了嗎？」說完，他拿掉了當作城門的一個土塊。於是，四周的土塊頃刻癱倒成為平地。

孔子看到這裡，既慚愧又佩服，伸出大拇指對小孩說：「我比不上你，你讓我長知識了。」

當今世界，每個行業的發展都很快，各種新技術、工藝以及新管理措施等層出不窮、日新月異，令人目不暇接。而每一個人，在擁有的知識技能方面都是有一定限度的，不向他人學習，容易落在他人後面。而虛心學習他人的成功經驗，無疑會縮短自己奮鬥的路程。因此，只有向優秀者學習，才有利於自己的進步。

向優秀者學習會讓人清醒客觀地認識自己。向優秀者學習，有利於學會分析自己的長處和短處，從而做到揚長避短，完善自我。明白了「天外有天」，你又有何嫉妒的理由呢？

有選擇地學習

當然，以優秀者為師，也需要有選擇性。因為，那些優秀者的成功模式並不一定適合每一個人。每個人的個性、主客觀條件不同，並非所有優秀者的經驗都值得你去學。因

此，你可以學習他們取得成功的某些地方，但不必全部照搬。

　　他人是本書，優秀是財富。結交優秀的人，學習其優秀的經驗，就像讀到一本優秀書籍一樣，不僅能成為我們的益友，而且很可能成為指引我們走向成功的良師。因此，你不妨把嫉妒轉化為強烈的超越意識，把嫉妒轉化為成功的動力。到那時，你成了人人羨慕的成功者，何必去嫉妒他人？

學會在優秀的「大樹」下乘涼

　　嫉妒是一種極端消極的狹隘的病態心理，是人際交往中的一大心理障礙。嫉妒者往往心胸狹窄，目光短淺，以自己的利益為重，常常鄙夷、詆毀、誹謗他人的成就，總想把他人拉下馬來，這樣的人自己做不出成績，也不讓別人有所得，總是把比自己強的人看作是自己前進道路上的障礙，甚至不惜做出害人害己的事。其實，這都是愚蠢的做法。

　　我們生活在一個充滿競爭的社會，各人能力不同，機遇不同，結果也會因各種因素而千差萬別。由於各種主客觀原因，一個人、一個企業甚至一個地域的發展都不會是均衡的，總是在某些方面有著這樣那樣的差距。那麼，如果一味嫉妒他人、嫉妒其他企業其他地區的優惠政策和得天獨厚的條件又有何用？只能陷入價格戰的紅海拚殺中，只能更加自卑，從此裹足不前。因此，聰明者會借助優秀者這棵大樹達

到讓自己乘涼的目的。如此，既消除了嫉妒，又強大了自己。

　　不論個人的成長還是企業的發展，都需要一個字：「借」。中國古代法家治天下，講的就是「法、術、勢」三者的結合，把借勢、造勢當作了治理天下的三大要點之一。「借」字流傳了不知多少個年代，深得智者歡迎。

　　借大樹乘涼的原因有三，一是外部氣候炎熱；二是大樹底下涼爽，比起其他在小樹下、房簷下「躲陰」的人得到的庇護要來的大；三是人群合作機會多。這種公共資源的乘涼優勢可以讓其中的成員在其中悠閒地「納涼」。因此，找到一棵大樹，就像鳥兒展開雙翅飛上了天空，火箭加滿燃料點火成功，強大的推力助它勇往直前，安全無憂。

　　清末鉅賈胡雪巖，早年放牛，沒什麼強有力的親戚可以依靠，背景為零，但他用五百兩銀子解了王有齡的燃眉之急。王有齡這棵大樹幫他得到了巡撫之職。此後生意如日中天，成為讓人羨慕的紅頂商人。因此，一顆優秀的大樹會讓你從中得到許多鼓勵和幫助，獲得更多意想不到的啟示。比起你單純地嫉妒大樹，甚至試圖砍伐大樹不是有效許多嗎？

　　另一方面，大樹還是你的保護傘。因此，要學會靠近優秀的大樹，和它結成統一戰線，讓優秀的大樹保護你，使第三者搞不清你的態度，迷惑第三者，搞不清楚你和對方到底是敵還是友，那麼，第三者就沒有插足的餘地。

當然，借大樹乘涼需要主動，因為大樹和你相比，有許多明顯的優勢。因此，如果你能主動出手，往往能制人而不受制於人，甚至能迷惑協力廠商，誤認為你已化敵為友。因此，無論從哪個角度來看，你都是贏家！

　　借大樹乘涼，並非是剝奪你獨立的性格，也不是讓你變得世俗，而是一種生存的智慧。如果你固執地要用嫉妒的利劍去砍傷對方，也許不等你手起刀落，就會被對方生擒馬下，那最終將導致你的失敗。因此，看到大樹的優勢，讓它的綠蔭為你遮蔽一些風雨，你也得到快速的成長，成為和大樹比肩而立的一顆獨立並且合作的大樹，才是你的目的。

　　耶和華說：「要向智者學習，而不是嫉妒。」但凡嫉妒與被嫉妒者，都是勢不兩立的。可是，這樣，會為他人的挑撥離間留下突破口。因此，明智的選擇是拋棄嫉妒，和優秀者握手，靠近大樹，先借大樹的陰涼讓自己快速成長。

把嫉妒轉為超越的動力

　　但凡嫉妒都是因為對方超過了自己，顯示了優於自己的能力，因此，不惜說對方壞話。其實，這是狹隘心胸的表現。一味地嫉妒對方、打壓對方，對自己的成長並沒有什麼益處，反而會影響自己的形象。

　　不可否認：由於主客觀環境的原因，現實生活中確實有

人一呼百應、威風八面，豪宅、跑車，旅遊休閒；可也有人抬轎推車、謹言慎行，醜妻、薄地、破衣爛衫……可是，你嫉妒對方，對方並不會因為你的嫉妒在某些方面受到任何損失。相反，嫉妒只會使自己把任何人都看成自己的假想敵。如果這種情緒不斷地加強，會使自己的行為危害社會、危害他人，也危害自己。嫉妒使自己減掉了自己本應有的一份好心情，給人生的快樂打了不少折扣。

其實，人間沒有永遠的贏家，也沒有永遠的輸家。生活對每一個人都是公平的、公正的，只不過我們享用、消受的方式不同。有的人先苦後甜；有的人先甜後苦。正確的心態是：不要總嫉妒別人的成就，也要關注別人的付出。就像沒有付出就沒有得到一樣，他人的成功不會像掉餡餅一樣輕鬆得到。如果你認為自己比不上他人，如果你想得第一名，那麼就要在失敗中反思和奮起，就應該自己努力奮鬥，用實力打敗別人，唯有這樣我們才能真正學到本領，超過他人。只有樹立合理的競爭觀念會使人清醒的認識到自身的價值和能力；否則，嫉妒也會破壞你曾經留給他人的好形象。

曾有這樣一個故事：一個中國人開車帶一位美國人去看自己在海外的別墅。這位中國人頗感驕傲地問美國人：「你看到我們住在這麼漂亮的房子裡，會不會嫉妒？」

美國人驚訝地看著他說：「嫉妒？為什麼？你能住在這

裡，說明你遇上了一個好機會。如果將來我也遇到好機會，我會比你做得還好！」這便是標準的「美國」式的回答，他們很看重機會。

如果是在日本，這位中國人又用上次那個問題問日本朋友：「你們看到富人區這麼漂亮的房子，會嫉妒嗎？」日本朋友會搖搖頭說：「不會的。」繼而他解釋道，「如果一個日本人見到別人比自己強，通常會主動接近那個人，和他交朋友，向他學習，把他的長處學到手，再設法超過他。」

從上述的故事中，我們可以看到，美國人、日本人在看到別人比自己強時，不是一味地嫉妒，而是把它作為自己前進的動力。

其實，萬事萬物是不斷發展變化的，原先的東西必被現有的先進的東西代替，合理的超越別人和被別人超越都是極其自然的。未來的社會，競爭將更加激烈，他人優於自己是很正常的事情。只有以尊重、學習、追逐的態度對待他人的成就和榮譽，迎頭趕上，這樣才能成為時代和生活的強者。只有把嫉妒進行轉化才是對促進自我成功有益的。因此，嫉妒者要明白一個道理，只有失敗的人才會去嫉妒別人，而成功者是根本不需要去嫉妒任何人的。所以，與其有時間嫉妒別人，不如用來提升自己，把嫉妒變為動力，提高自己的能力。當你以勝利者的姿勢出現，還會嫉妒那些不如你的人嗎？

▌把優秀的人作為追趕的目標

你身邊那些令你嫉妒的人，肯定有優於你的地方。對此，你不妨把那個人鎖定成自己勢必要達到的目標，為這個目標付出努力。那麼，就不愁達不到目標，甚至超過這個目標。

▌向身邊優秀的人看齊

和比自己優秀的人在一起可以激發我們的鬥志。別人行，我一定也行，於是想方設法要超過別人，這樣就將嫉妒之心轉化為了好強的求勝之心。

▌比能力

和比你優秀的人比能力，比對社會的貢獻，而不要去比財產、地位之類的東西。你可以自己與自己比，看看各方面與以前相比有沒有進步。如果有，當然很快樂，可以藉機獎勵自己一下。當你切實感覺到自己能做成一些事情，顯示了自己的價值時，你還有什麼理由值得嫉妒的呢？

總之，嫉妒畢竟是一種負面的情緒。要消除這種不良情緒，必須正確了解自我、學會接納他人、學會理解他人，學會公平競爭。放下嫉妒的包袱，化為超越的動力，不圖一時之快，一時之宣洩，把自己的生命放到歷史的高度來審視，你會因為寬容而心安，因大度而無愧。

第六章　嫉妒如火，傷人害己

第七章
不抱怨的世界

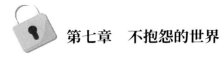

　　生活中，人們都免不了要抱怨，如果這種抱怨只是暫時的發洩無可非議。可是，如果讓抱怨成為一種習慣，成為一種藉口，無疑就是一種精神枷鎖，甚至是一種對自己的傷害。

　　凡是愛抱怨的人都是無能的表現。因此，你不妨給大腦洗個澡，換種角度看人生。如果你對生活不滿意，那就拿出行動來，用能力去改變一切。同時，你需要有感恩的心。畢竟，你擁有的一切都和他人的給予分不開，因此，你也需要用感恩的行動來減少抱怨。

抱怨是心靈的麻醉劑

　　不論在生活還是在工作中，在我們的身邊，可以說幾乎很少能看到不抱怨的人。不論女人還是男人，不論兒童還是老年人。抱怨的內容、抱怨的方式、抱怨的理由也是五花八門。

　　人人都會抱怨，天氣太糟、道路擁塞、物價又漲了……職場人抱怨自己的工作忙不完，做得多，掙得少，上司眼瞎，讓小人得志；生活中，純情少女感情受挫時，抱怨自己為什麼真心的付出得到的卻是傷害？抱怨別人的無情，抱怨自己的痴傻；年輕人抱怨自己沒有一個有錢有勢的老爸，苦苦奮鬥還是輸在起跑線；老人抱怨兒女不知道孝順；男人抱怨空懷一身絕技卻無用武之地；女人埋怨婆婆太刁鑽，抱怨丈夫沒出息，抱怨兒女的成就無法讓她滿意；學生抱怨自己上的不是名校，老師教學不好，抱怨父母不知道關心、體貼

自己，就知道關心分數……總之，只要抱怨一旦形成習慣，生活中無論什麼都無法讓你滿意，你首先想到的就是抱怨。

當然，我們的生活並不盡人意，理想和現實的距離太大，他人對自己的誤解太深，因此，抱怨也是難免的。凡遇到自己不愉快和難以滿足自己需要的事情，抱怨情緒就油然而生。人的確需要被理解。如果你的抱怨是一種不良情緒的適當發洩無可厚非，這種抱怨是可以理解的。而且這種抱怨也有一定的益處。比如那些溫順善良的女人有時會衝著丈夫大聲吼叫，發洩內心的激憤。儘管丈夫沒有什麼反應，但是她抱怨之後感覺心情平靜了許多。因為她釋放了很多壓力。當她們傾訴了自己的煩惱，把不良情緒發洩出來之後，心裡就會感覺舒服一些。這種抱怨對身體健康有一定的好處。否則，負面情緒累積太多，重壓之下自己會首先垮掉。

可是，如果你總是被抱怨這種情緒反應所支配，總是喋喋不休地開訴苦會，那麼，就說明，你的人生被抱怨這個慢性毒藥控制了。抱怨就是心靈的一針麻醉劑，你已經麻痺了，習慣把抱怨當成家常便飯，並且把這種方式當做你生活的一部分了。久而久之，就會像吸食鴉片一樣對抱怨上癮了，你總是想從抱怨中讓自己得到短暫安慰，認識不到抱怨對你的傷害了。儘管你知道抱怨對解決問題無濟於事，但是你還會義無反顧的去抱怨。於是，有的人動不動就發牢騷，沒完沒了地抱怨，或者吹毛求疵……

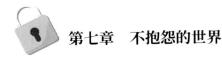

第七章　不抱怨的世界

其實，抱怨對人性有著很大的負面作用。主要表現在：

- ◆ 弱化個人主體的力量，使自己在困難和問題面前無能為力。
- ◆ 滋生推諉心理。將自己面臨困難或問題怪罪於歷史、社會、父母、長官、同事等其他客觀原因。最常見的是一些中層管理者在開會時總是大吐苦水，羅列一大堆困難，一大堆問題抱怨制度、資源、上級不支持、廣告費不到位、培訓不夠等……就是推諉心理的表現。
- ◆ 淡化責任意識。當出現困難和問題的時候，總是習慣於怨天尤人，將本屬於自己承擔的責任推得一乾二淨。比如：這些不是我的責任，你怎麼能怪我呢？等等。

如果你也是這樣對待問題的，那麼說明，抱怨正在像瘟疫一樣慢慢腐蝕著你的心靈，消滅著你對人生與事業的激動，正在汙染著你生存的環境和和諧的人際關係，你一旦成為抱怨的俘虜，你的人生就會毫無起色了。

而且，抱怨這個人性的弱點侵蝕的並不僅僅是抱怨者個人，對於組織發展的負面影響也是顯而易見的。心理學家說：「我們往往把抱怨作為與人開始交流的最有效手段。人們之所以愛從負面的角度切入話題，是因為這個角度比正面的角度更能引起大家的共鳴，從而拉近彼此之間的距離。」正因為是負面情緒，所以，一旦組織中抱怨成風，就像「三個

女人一臺戲」一樣，如果一個人抱怨，那麼，其他人會自告奮勇地加入進來。如此，就會產生抱怨從眾效應。就會形成相互指責的不良工作氛圍。當工作出現困難或問題時，上下級之間、各部門之間，紛紛將責任推向對方。結果，抱怨就會形成一個正在越滾越大的雪球，馬上就會發生憤懣的「雪崩」。過多的抱怨就像「潰堤」的螞蟻，讓一個部門、一個團隊、一個企業潰不成軍，轟然倒地！

對個人的身心健康來說，抱怨的影響也不可低估。無休止地埋怨對自己本身就是一種傷害。當抱怨成為一種習慣，人會很容易發現生活中負面的東西，加以放大，進而感慨自己生存艱難。如此，始終處在情緒的谷底，又怎能不影響身心狀態？

抱怨當然影響情緒，再好的飯菜也吃不出味道。特別是那些脾氣暴躁的人，抱怨一番後看到對方無動於衷，很可能反而氣垮自己。比如，有位愛抱怨的人，總是腸胃不好，患上了結腸腫瘤。醫生經過診斷後，告訴他就是抱怨這個慢性毒藥影響的結果。抱怨的確也可以影響人們的身心健康。你是一家之長，那麼，抱怨不僅會影響本人，也會影響下一代的身心健康。如果你總在孩子面前抱怨，孩子也會形成這種不良的心理狀態。

有位中年女士，因為組織改制中遇到了裁員等一些不愉快的事，幾乎每天回家後都要跟老公抱怨個不停，不是抱怨

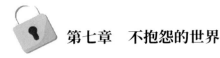
經理制定的制度不公正，就是抱怨公司中有小人說她壞話。在她抱怨的過程中，女兒總是靜靜地做作業，她也沒感到什麼。可是，一次期中考試後，女兒竟然不及格。當她教訓女兒時，女兒嚷道：「這不是我的錯！你和爸爸教育程度都這麼差，根本不能輔導我，還不是你們耽誤了我嗎？」

　　這位女士沒想到一向乖順的女兒居然學會找理由把責任推給別人、反駁父母了。後來，當她向女兒的老師說起時，不由自主又開始抱怨女兒。老師告訴她，改變這個毛病吧，否則，女兒也會受她的影響。這位女士才恍然大悟。

　　人生不如意之事十有八九，如果和抱怨結緣，我們的生活算是「慘了」。雖然抱怨可以讓自己獲得短暫的心理平衡，但是這種安慰也是空洞的。抱怨是一種嗎啡，它的那種止痛使人處於一種渙散麻木的狀態，而不是積極清醒的狀態。因此，不論從我們自身的健康著想，還是從教育影響下一代著想，都應該停止。

抱怨就是為自己找藉口

　　其實，很多人之所以抱怨是源於不自信，源自內心的恐懼，害怕面對問題本身，害怕和別人有意義的交流。正是這種內心的恐懼讓他們終日抱怨，在抱怨中變得軟弱，變得意志消沉。所以說，抱怨是無能的藉口。

如果留意，你會發現，在任何組織中都有這樣一些人物借管理的名義，或者精益求精等美好的名義對下屬進行指責和挑剔。其實，這是他們把抱怨當成自己無能的擋箭牌。至於在工作中喜歡抱怨推諉、敷衍了事的人，他們的工作肯定也會是了無生機的。因為，在抱怨者面前，這山怎麼這麼高？這水怎麼這麼深？這路怎麼這麼窄？好像自己的眼前，一層層都是障礙，一道道都是溝坎，處處都是困難，處處都是過不去的火焰山。一個人在抱怨的時候，情緒就會降落到低點。遇到問題，他們首先想到的是「讓他人去嘗試吧，我沒有能力改變了⋯⋯」於是就像洩了氣的皮球，無精打采，萎靡不振。

在生活中抱怨的人，只能使自己過得更疲憊。因為生活沒有在抱怨中得到絲毫改變，只是徒增煩惱。特別是那些總是想透過抱怨引起人們重視的女人，越想依賴，就越容易失望，因為抱怨是無法改變任何人的。她們的期望值越高，越容易陷入抱怨的循環。

其實，世界上沒有十全十美的工作環境和條件，一味地抱怨也解決不了任何問題。

試想，如果你考試失利，抱怨能夠幫助你改變命運嗎？如果公司經營受挫，抱怨能夠幫助公司起死回生嗎？而且，如果一個清潔工人因為無法忍受垃圾的味道，經常發牢騷，

第七章　不抱怨的世界

那他還能成為合格的清潔工嗎？如果一名修車工人，時常抱怨機器的轟鳴，那麼他還怎樣成為優秀的技工呢？想一下，戰場上，敵人會因為你的抱怨就停止進攻嗎？競爭對手會因為你的抱怨就放棄攻擊嗎？所以說，抱怨，是一種對人生陰暗面的反芻，是對人生失敗的舊地重訪。總之，常常抱怨的人，不論在工作還是在生活中，終其一生，都絕不會有真正的成功和幸福。

假如你對上司交代的工作心生不滿，從此就會失去上司對你的信任；你對朋友不滿，從此會失去朋友的幫助和友情的溫暖；你對家人抱怨，只會失去家庭的和諧。甚至，人們會改變對你的看法，認為你是個語言多於行動的人，儘管以前你曾經取得過一定的成就。

其次，抱怨會傷害別人的感情。你的抱怨，總有一些，會傳到你所抱怨的人的耳朵裡。你抱怨鄰居，鄰居不滿意；你抱怨朋友，朋友不滿意；你抱怨同事，同事不滿意；你抱怨上司，上司更不滿意。不僅不滿意，而且會對你產生憤恨。即便不報復，有好事也不會想到你。如果你把生命的很大一部分精力和時間都放在這樣的抱怨之中，這樣下去只會讓你一無價值、二無力量，成為無用的代名詞。

其實，人的差別，就在於戰勝困難的力量。因為人生就像一座高山，有的人沒爬上去，不怪山高，只能怪自己體力

和能力有限。想一下，那些貧困地區的人們每天都是在抱怨中生活嗎？那些先天貧困的人們總是在抱怨，終能成為財富英雄嗎？因此，如果你是個喜歡抱怨的無能者，從現在起，不要為自己的無能找藉口了，改變抱怨這個人性的弱點吧！如果無法改變環境，那就下決心改變你自己。

用「如何」來替換為什麼

從現在起，你可以嘗試用「如何」來替換為什麼，使自己充滿熱情和挑戰，例如你可以問自己：「我如何才能做到？」、「我如何才能讓老闆給我升遷？」等等。你會迅速看到你的驚人轉變。

▌創造公平

你不是總抱怨老天不公嗎？那就動手自己創造公平吧。有些員工為什麼可以從普通業務員做到總監，從平凡的服務生逐步晉升為經理，就是因為他們付出了行動努力爭取公平。在工作中誰付出越多，誰就越能接近內心的公平。

▌反省自己

人們習慣評論別人的缺點，常常去埋怨對方的不對，疏於對自己的反思。特別是那些愛抱怨的人，總是認為別人上輩子欠他們太多，別人對不起自己，那麼，自己做的怎樣呢？

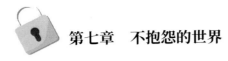

第七章　不抱怨的世界

　　曾經一個女性對自己不幸福的婚姻感嘆道不公平。心理分析師問她：你為這個婚姻所付出的情感和勞動有多少？有多少你值得珍惜和維護的親情嗎？當初你選擇對方時，是看見他的優點和吸引你嗎？你有為家庭營造和諧的氛圍嗎？

　　自省是控制抱怨情緒的基石，自己才是一切問題的根源。因此，遇到困難或問題多反省自己，不要指責別人的過失，多反思自己的行為過失和不足，改變看待困難或問題的視角，能夠意識到自己付出不夠，抱怨情緒自然就會逐漸消除。

▍改變自己看問題的角度

　　例如一個剛畢業的大學生，如果他只是以自己的學歷為理由，認為其他人不如自己，自己在小職位上太屈才，那麼他就會產生抱怨。如果能夠對自己在公司的小職位抱以理性的認識，認識到只有透過先熟悉職位、累積經驗才能為公司創造業績，那麼他就不會抱怨。因此，要想改變抱怨的弱點首先需要改變自己看問題的角度，樹立起積極的心態。你不妨想一下，你能從那些學歷低的同事哪裡學到什麼？如果能看到他人的長處，你追趕還來不及又有什麼可抱怨的。

▍努力顯示自己的價值

　　如果你覺得自己目前沒有被上司重視，如果你認為公司給的薪水並不是你期待中的，那麼在工作中千萬不要把對老闆的不滿掛在心上。在不利的形勢下，越抱怨，離自己的目

標越遠。明智的做法是專心於工作本身，透過努力工作創造更多的價值，來證明你自身的價值。如果你這樣做了，上司對你的態度會慢慢轉變。

生活需要陽光，進取需要智慧。既然你不滿於現狀，最好辦法就是停止抱怨，奮發努力，做出個樣子來給別人看。否則，你在他人的眼中永遠只能是行動的半調子。別人也會遠離你這個有著負面情緒的禍害。

優秀的人不抱怨

我們身邊總是充斥著很多喜愛抱怨的人。不是抱怨工作太累，就是抱怨待遇太低；不是抱怨升遷太慢，就是抱怨辦事太難……可是，當我們喋喋不休抱怨的時候，是否發現有些人卻一聲不吭，只顧埋頭工作。難道他們沒有不滿意的事情嗎？還是他們為了討好上司陽奉陰違？難道他們的心理承受能力超級強嗎？

過一段時間後你會發現，你曾經抱怨自己得不到的那些待遇都給了這些人。他們是事業和生活的寵兒。老闆愛戴，同事喜歡，甚至連鄰居家的孩子都喜歡他們。這是為什麼？

只是因為這些人把大多數人抱怨的時間用在解決問題上。在他們看來，任何時候辦法都比問題多。即便是自己的條件不如他人，即便是那些不公平的待遇他們也能暫且忍受。這就是他們的優秀之處。

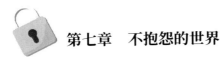

第七章　不抱怨的世界

　　優秀的人就是善於解決問題的人。不論在任何情況下，他們都會把他人的抱怨看成是解決問題的機會。

　　政府機關和大公司本來就是個最容易產生牢騷和抱怨的地方。很簡單，僧多粥少，位居「金字塔」中上層的寥寥可數。每個金字塔底部的人，都渴望自己早一點、快一點上去。但是，社會從來都是不公平的，由於各種原因，不可能保證每一次的人事變動都能夠絕對公平。因此，那些自我感覺非常良好，以為某個位置，天經地義非我莫屬的人，一旦發現願望落空，就會採取各種各樣的方式，發洩心中的不滿。甚至會一怒之下忍不住，給上司顏色。上司對他們怎麼會有好印象？

　　相反，那些不抱怨默默工作的人，長官卻會記憶深刻。因為他們的不抱怨給長官留下了好印象；因為他們在別人抱怨的時間中默默無聞地用工作的成績來為長官減輕壓力；因為他們自覺地做著分外的許多事情。如此，長官能不青睞他們嗎？正是因為不抱怨使他們擁有集中的心智並將其放在工作上，於是他們的工作不僅主動，而且謙遜，職位得到提升也是很自然的事情。由此可見，不抱怨，是一種態度，也是一種智慧，不僅可以建立和諧廣博的人際關係，而且能夠幫助自己開闢一片新天地。

　　在任何組織中，做出優秀的業績，為組織創造價值，是

被提升的基本原則。因此，如果你一直對自己的職位不滿，認為是屈才，不要總是埋怨抱怨長官沒有給你機會，不妨仔細問問自己，是否能夠在長官交給你任務後，能夠圓滿完成任務？

　　不論在生活還是在工作中，每個人都會面臨種種困難或問題，擔任職務愈高的人，其面對的困難或問題則愈多。優秀的人接到公認困難的工作任務，不會給自己找可以不完成的理由，也不在面對問題時摻雜任何消極的態度，試圖推給別人。他們總是以陽光的視角積極面對困難或問題，積極嘗試。如此，即便沒有發生他們預料的好結果，上司也會改變對他們的看法。因此，如果你有時間進行抱怨，還不如把時間用在尋找克服困難、改變環境的方法上。只有你能對問題提出兩個以上的解決方案，人們才會對你刮目相看。

　　但凡優秀者，他們成功的共同祕訣就是不抱怨。遇到困難不抱怨，受到委屈不抱怨，遭到排擠不抱怨。不抱怨才能成功，不抱怨才會進步。如果你是個總愛抱怨的人，請向那些優秀的人學習，把困難或問題當成提高自己工作能力的機遇。減一分怨氣，多一分責任、多一分主動，用實作代替抱怨，那麼機會早已經跑到你面前。

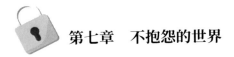

坦然接受生活的磨難

在這個世界上，人人都希望獲取並擁有，希望生活幸福、工作如意，希望永遠的健康和快樂。然而，人生有許多無奈，畢竟有一些事情是你無法改變的。你抱怨於事無補，只能接受。

有道是：時也！命也！要知道，「無奈」無處不在，無人不有，只是輕重不一、大小不一而已。就像自然界的客觀規律是不以人們的意志為轉移的一樣，生活中也有許多無奈。比如大地震、金融危機。你抱怨這些危機沒有事先向你聲明嗎？不論你怎樣抱怨。事實已經發生了，你抱怨又能怎樣？因此，要學會坦然接受。

的確，接受和應對無奈，需要很大勇氣。比如，因失戀留下的無奈、權力丟去的無奈、機遇喪失的無奈等。心理上的落差如此之大，要坦然接受的確很難。因此，我們必須要有足夠的思想準備及良好的心理承受能力。

想一下，你願意讓抱怨影響自己的生命嗎？恐怕沒有人會做出這樣愚蠢的選擇。的確，人的一生，與浩瀚的歷史長河相比，何其短暫！如果因為抱怨而糾纏於世間的一切恩恩怨怨、功名利祿、得意與失意中，會影響健康的生命，難道值得麼？既然這樣，前途中明知已經得不到，為何不瀟灑地選擇放棄，生活中既然缺少不了無奈，為何不能坦然地去面對？

　　一個人一生難免會遭遇或大或小的困難，所謂「天將降大任於斯人也，必先苦其心志，勞其筋骨，餓其體膚。」越是這種時刻，越是對人的氣度和胸襟的考驗。那些不能坦然接受命運的無奈之人一氣之下含冤自殺的也比比皆是，風骨雖然傲然挺立，但畢竟沒有見到風雨過後的彩虹。由此可見，一個人學會接受，是個大智慧。

　　坦然接受命運賜給的東西，不是認命，不是忍氣吞聲，不是委曲求全，而是明哲保身的辦法，是為了不讓自己在抱怨的消極情緒中墮落。所以，無論委屈也好，失望也罷，我們都要以大將風度，以「退一步海闊天空」的心境，坦然面對，泰然處之，欣然接受。只有這樣，我們才能將其拋之腦後，才能重新輕鬆地投入生活。

　　而且，這種無奈也是暫時的。生活總有雲開月明的時候。普希金（Aleksandr Sergeyevich Pushkin）在一首詩中寫道：「一切都是暫時的，一切都會消逝。有時，無奈帶來的不一定是憂傷，反而會成為一種美麗；無奈不一定就是損失，反倒可能是一種獲取。只要我們抱著積極樂觀的心態去接受，就會找到去改變無奈的最大可能，找到扭轉命運的時機。」

　　既然是坦然接受，這些人的心態都會十分健康，即便不幸來臨，還會保持樂觀的心情。適當調侃自己就是這種心態的表現。

第七章　不抱怨的世界

有一則笑話說：有一根木棍落在一個人頭上，把他的頭砸破了。但這個人撿起木棍，看到另一面有釘子，笑了。「幸虧釘子的一面沒有落在我的頭上！」

的確，當災難降臨時，怨天尤人是於事無補的，只有從不幸找尋到快樂，我們才能快樂一生。

坦然接受，就是不把一些事情太當回事。「世上本無事，庸人自擾之。」與戰爭、地震、海嘯這些無法預測也無法躲避的天災人禍相比，你遇到的事情真的就無可救藥了嗎？因此，要學會坦然處之。

在家庭生活中，我們也要學會坦然接受。

男人沒錢的時候，做事失敗了之後，女人不要抱怨他多無能，不要責怪他！反而要一如既往的愛他，安慰他，然後一起想辦法解決問題。這樣男人即便不說出感激，也會在心裡感到由衷的溫馨，才會覺得自己有責任感，才能有上進心！這一切，都會在行動中表現出來。

在為人處世中，當你面對不公平的待遇時，也要學會坦然接受。很簡單，你改變不了他人對你的看法，那你就只有先改變自己。

人生在世，不如意事十有八九。如果囿於這種「不如意」之中，終日抱怨，不但身心健康受到影響，生活也會索然無趣。因此，能坦然接受的人必定有一顆包容的心。他們知道人間沒有完美的東西，世界上沒有絕對的公平。在不同

人的手中，對一件事可能有不同的評價。因此，他們會採取樂觀的心態，盡量看到優勢，包容不足。

如果我們能以坦蕩的心境、開闊的胸懷來應對生活中的酸甜苦辣，坦然地接受無法迴避的無奈，才能夠體會出大千世界博大的境界、自然而然地懂得並適時地有所放棄，從而獲得內心平衡和快樂。原本平淡的生活也會煥發出迷人的光彩！

用感恩代替抱怨

俗話說：希望越大失望愈大。當人的期望值高，而現實卻迥然不同，心理落差太大時，人們難免都要怨氣沖天。

按照慣例，許多公司都會在春節前發放年終獎金。因此，春節來到之前的這個星期，小明異常興奮。他想起自己這一年早來晚歸、兢兢業業地為公司工作，連妻子和女兒都照顧不上，心裡盤算著獎金肯定少不了。有了這筆錢自己就可以給家中購置很多春節禮物了，於是，小明每天都是早早就來到公司。

終於，星期三，老闆把裝著獎金的紅包發給每一位員工。當小明打開時，簡直不能相信自己的眼睛：只有二百塊錢？他簡直不敢相信自己的眼睛。「夠塞牙縫嗎？」一瞬間，失望、不平和憤怒一起湧向他的心頭。「太不公平了，老闆太小氣了！」當下，小明就有了辭職的念頭。

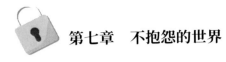

第七章　不抱怨的世界

　　在職場中，有些員工總是喜歡抱怨，抱怨工作壓力大、不被公司重視、上司很苛刻、公司存在很多問題等。而抱怨自己的薪水低是最普遍的問題。但是抱怨能解決問題嗎？抱怨能感動老闆大發慈悲多發薪水嗎？恐怕這種情況發生的機率很小。如果你對目前的薪水大肆抱怨，不滿就會表現在工作中，對工作不認真、不負責，失去工作動力，結果工作做不好，薪水上漲也是不可能的。所以越是抱怨，你的薪水越是難有上漲的機會。

　　其實，要改變自己愛抱怨的弱點，有一個祕方就是感恩。

　　職場中，那些對老闆、對同事、對工作充滿怨氣的員工源於沒有一顆感恩的心。他們沒有認識到是老闆給他們工作的環境和機會，沒有感受到是同事給予他們工作上的支持和合作，沒有體會到是工作提供給他們成長的空間和生存的土壤，反而用自己黃金般寶貴的光陰，換來一大堆無用的指責埋怨，這是人生最悲哀的事情。當他們懷著消極的心態、著眼於企業的不足時，會感到心情鬱悶、精神不振、沒有心思和精力去努力工作。

　　英國作家薩克雷（William Makepeace Thackeray）曾說過：「生活就是一面鏡子，你笑，它也笑；你哭，它也哭。」此時，你不妨換個角度來考慮問題，想一下，企業給了你什麼好處和利益？企業有什麼值得稱道的？

　　在激勵的市場競爭中，一家企業能夠在競爭激烈的市場

中占有一席之地，就說明他是有相當的優勢，能夠為員工提供生存發展的機會。對此，作為企業的員工應抱著感激之心，感激你從企業得到的一切，感激企業給了你賴以生存的工作、發展的平臺，一定的社會地位等。這些，都是生活幸福、安定的基礎。因此，不要抱怨這些不足，而要看到長處，包容短處。再說，企業的不足是可以透過不懈的努力來改變的。因此，停止抱怨，心懷感恩，把精力都用在工作上、用在想盡辦法解決問題上，企業不愁發展不了，你也會有更好的明天。

　　總之，感恩是一種生活態度，一種處世哲學，一種智慧品德。感恩，不僅僅是感激別人的恩德，更是一種生活的態度。感恩不純粹是一種心理安慰，也不是對現實的逃避，感恩是一種歌唱生活的方式，它來自對生活的愛與希望。因此，無論生活還是生命，都需要感恩。

　　也許你會說，我想不到我有什麼值得感恩的，生活欺騙了我，成功拋棄了我？那麼，下面這個故事會讓我們明白許多感恩的道理。

　　一位殘疾人士來到天堂，找到了上帝。抱怨上帝沒有給他一副健全的四肢。於是，上帝給殘疾人士介紹了一位朋友，這個人剛剛死去不久，剛升入天堂。他對殘疾人士說「珍惜吧！至少你還活著。」

　　一位官場失意的中年人來到天堂找上帝，抱怨上帝沒有

給他高官。上帝就把那位殘疾人士介紹給他，殘疾人士對他說「珍惜吧！至少你還健康。」

一位年輕人來到天堂，質問上帝為什麼自己總是得不到別人的重視。上帝就把那位官場失意的中年人介紹給他，他對年輕人說：「珍惜吧！至少你還年輕。」

這些人忽然感到自己身上竟然有這麼多益於他人的優點，值得他人羨慕，於是不再抱怨，很感激自己的父母了。

人生一世，不可能孤立存在，在生存的環境中，我們的每一步成長，每一次的成功都是在親情、友情的烘托下取得的。我們有什麼理由不感恩？

擁有一顆「感恩」的心，就會善於發現事物的美好，感受平凡中的美麗。注意並記住生活中好的事情，你就會有很多正面情緒，讓你感到生活幸福，並對生活充滿感激和希望等等。並且這些正面情緒開始深入你的潛意識扎根發芽。

感恩是對人生的一種態度，更是對自己的態度。常想著他人的恩惠，忽略種種的不快，珍惜身邊點點滴滴的愛，是對別人的尊重，更是對自己的尊重。「在你學會感恩的同時，你已經愛上了這個世界」。當你心存感恩的時候，就會發現生活之美。在順境中感恩，在逆境中依舊心存喜樂。如果在我們的心中培植一種感恩的思想，則可以沉澱許多的浮躁、不安，消融許多的不滿與不幸。

擁有一顆感恩的心，能讓你的生命變得無比的珍貴，更能讓你的精神變得無比的崇高！常懷感恩之心，會讓我們珍惜所有的一切，會讓我們的生活充滿陽光和快樂。學會感恩，我們會永遠工作和生活在幸福之中。

用能力去改變一切

在那些愛抱怨的人看來，一切都是命中注定，無法改變了，因此他們才會悲觀失望，抱怨不停，試圖用那些客觀理由來為自己的無能做解釋。這些人走到哪裡都會把抱怨的氣球越吹越大，而且一路背負，一路播撒消極的種子。只知道消極待世，不懂得積極改變。

這些人大多意志薄弱，害怕吃苦，害怕困難。他們任憑命運的宰割，而不是與命運抗爭。他們希望享受別人的成果，總是寄希望於上司能夠變得開明一些，希望從同事那裡獲得更多的東西，希望他人能夠幫助自己改變目前的處境，而不知道自己創造條件。

抱怨是意志消沉的開始，是不負責任的前兆，是工作消極逃避的展現。抱怨是行動的侏儒。一千句看似很有理由的抱怨，抵不上一個小小的行動。當一個人過多地被語言困擾的時候，他會失去行動力。這樣只能為自己的成功設置一道道路障。

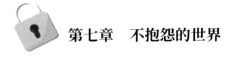

第七章　不抱怨的世界

　　這些抱怨者最需要的是用抱怨代替努力，用抱怨代替改變，行動起來，用能力去改變抱怨。

　　在《雙手插在口袋裡的人》這部書中，傑弗里向牧師抱怨說：「上帝真的是太公平了，有能力的人得不到機會，沒能力的人卻能成功！」

　　「約翰，你知道吧，他曾經是我的同學，那時，他的成績糟糕透了，還經常抄我的作業，現在他居然當上了作家，不但出了很多書，還上了電視。我簡直無法想像，這麼一個沒能力的人，是怎樣成功的！」

　　面對傑弗里的抱怨，牧師打斷他的話說：「可是，我聽說約翰很能吃苦，常常寫作到深夜……」

　　還沒等牧師將話說完，傑弗里又接著抱怨道：「還有個叫凱文的人，他也是我的同學，就他那個身體，連多走幾步路都會喘不過氣來，現在你猜怎麼樣？他居然成了體育明星！你能想像的到嗎？」

　　牧師回答他說：「我聽人說，凱文除了吃飯睡覺，所有的時間都花在了訓練上……」

　　沒等牧師將話說完，傑弗里又抱怨道：「特別讓我生氣的是邁克，在學校裡的時候，他天天吃麵包夾青菜葉，誰都知道他的家庭條件最差，現在居然開了酒樓！」

　　這次，牧師沒有急著說話。傑弗里卻急了：「你怎麼不說

話了？你說上帝是不是不公平？命運真會捉弄人？」

牧師這才開口：「要我說，上帝是公平的。他讓飢餓的人有肉吃，讓身體瘦弱的人懂得鍛鍊的重要，給了每一個小鴨做白天鵝的夢想。難道這還不算公平嗎？」接著，牧師又說，「對於人生來說，成功就是一架梯子，不管你攀登的技術是好還是壞，但有一點值得記住，雙手插在口袋裡的人是永遠爬不上去的」。

的確，世界本來就是不公平的，可是，這些曾經享受著不公平命運的人居然改變了自己的命運，靠的是什麼？能力！

美國總統甘迺迪曾經說過：「不要問你的國家給了你什麼，而要問你給你的國家做了什麼？」如果你對自己的人生不滿意，想一下，你為改變這處境做了些什麼？如果你沒有行動起來表現自己的能力，那麼，從現在起，拿出你的能力去改變命運吧！用能力來代替抱怨。你會發現，自己曾經充滿渴望過的都能在行動中實現。

第七章　不抱怨的世界

第八章

懶惰是人生的腐蝕劑

第八章　懶惰是人生的腐蝕劑

在人性的弱點中，懶惰具有一定的普遍性。懶惰這個惡魔總是直視那些頭腦中長滿了「思想雜草」的懦夫，並時時折磨人們、戲弄人們。因此，世上多是避重就輕、碌碌無為的平庸之輩。可是，無論對於個人還是一個民族而言，如果惰性成風，就沒有希望進步和發展。

因此，要想讓人生取得輝煌的成就，就需要克服避重就輕的思想，樹立迎難而上、勇於攻堅的精神，勇挑重擔，到條件艱苦的地方去磨練自己，那樣，才能實現自我超越。

懶惰會使人一事無成

在人性的弱點中，懶惰具有一定的普遍性。

懶惰這個惡魔總是在黑夜中出現，它直視那些頭腦中長滿了「思想雜草」的懦夫，並時時折磨人們、戲弄人們。表現在每個人身上，懶惰的表現程度和表現形式也不同。比如：躲在陽光下，坐在樹蔭下聊天，不想動身；沉迷於舞廳中，即便知道還有許多應該做的事也不能立刻行動起來；辦事總是拖拉磨蹭；避重就輕，重活累活讓那些表現積極先進的人去做；缺乏行動，總是幻想美好的未來會輕易實現；渾渾噩噩，得過且過……

有一位外國人周遊世界各地，見識十分廣泛。他對生活在不同地位、不同國家的人有相當深刻的了解，當有人問他

不同民族的最大的共同性是什麼，或者說最大的特點是什麼時，這位外國人回答道：「好逸惡勞乃是人類最大的特點。」

的確，懶惰是最具破壞性、也是最危險的惡習。人們一旦背上了懶惰這個包袱，只會整天怨天尤人，精神沮喪、無所事事，就會喪失進取心。因為懶惰，人們不願意爬過一個小山崗；因為懶惰，人們不願意去戰勝那些完全可以戰勝的困難。有的人一生一事無成，是因為他們懈怠懶惰。

一位本來很聰明的大學生，大學四年都是班上前幾名。她很早就立下願望要考研究所，可是從來沒有行動起來。每天都是十點多鐘才起床，不但宿舍很亂，人也沒有精神。如今快三十歲了，學業事業一事無成。

在我們的周圍，像這個大學生一樣空有壯志行動不力、由於無法克服惰性，最後理想破滅、喪失鬥志的人多得數不勝數。因為，他們曾經的才華就像生鏽的寶刀，經久不練，再也沒有削鐵如泥的鋒芒。儘管他們外表看來與常人無異，但實際上曾經一度在他們心中燃燒的熱情之火已經漸漸地熄滅，取而代之的是無邊無際的黑暗人生。

人生不怕慢，就怕站。一旦我們停止使用我們的肌肉和大腦的話，一些本來具備的生理優勢和能力也會在日積月累之後開始生疏、退化，最終離我們而去。更為嚴重的是，懶惰，會使我們的神經麻木，對潛在的風險也缺乏預防和應變能力。

185

第八章　懶惰是人生的腐蝕劑

　　一個池塘邊生活著兩隻青蛙，一綠一黃。綠青蛙經常到稻田裡覓食害蟲，黃青蛙卻經常悠閒地躲在路邊的草叢中閉目養神，並且還時常嘲笑綠青蛙起早貪黑太辛苦，何必呢？

　　一天，日頭都升起很高了，黃青蛙還在草叢中睡大覺。牠突然聽到有人叫：「老弟，老弟。」牠懶洋洋地睜開眼睛，發現是田裡的綠青蛙。

　　「早晨露水黏住小蟲的翅膀，無法飛，正是我們捕捉牠們的好時機，你卻睡大覺，不吃早餐了。」

　　「咳！嚷嚷什麼，池塘中有的是食物。我不擔心。」黃青蛙回答。

　　可是，沒幾天，池塘的水被用來澆地抽乾了，黃青蛙習慣了睡懶覺，起不來，早上只好忍飢挨餓。可是，黃青蛙還在等，牠知道老天會有下雨的時候，不愁池塘沒有水。

　　但是，綠青蛙還是好心地告誡牠搬來跟自己一起住！田裡的綠青蛙關切地說：「到田裡來，每天都可以吃到昆蟲，不但可以填飽肚子，而且也不會有什麼危險。」

　　路邊的黃青蛙不耐煩地說：「幹嘛那麼費心費時地搬到田裡去住？我懶得動！搬家可不是那麼容易的。」

　　田裡的綠青蛙無可奈何地走了。幾天後，牠又去探望路邊的夥伴，卻發現路邊的黃青蛙已被車子壓死了。

　　這個青蛙的悲劇提醒人們，懶惰、好逸惡勞是一種墮落

的、具有毀滅性的東西。可以說，生活中的很多災難與不測都是因為懶惰這個人性的弱點造成的。

不可否認，隨著人們的生活水準都提高了，不論年輕人還是中年人都變得有些懶散了，奮鬥似乎遠離了自己。有些人小有所成後，就會滿足，就會止步不前，表現在生活或者工作中就是行動懶惰、遲緩。躺在原地而不是奮勇前進。適當的休息是應該的，可是如果長久下去，任由惰性蔓延，身心都會變得頹廢消極，心如死灰，銳意進取的激動會離自己遠去，從而步入平庸的人生之列。

無論對於某個人還是一個民族而言，一個社會如果惰性成風，就沒有希望進步和發展。有些人因為懶惰，總想不勞而獲，一天到晚都在盤算著去掠奪本屬於他人的東西。比如，一些有錢學生居然懶惰到讓其他同學幫他們做作業。可見，懶惰在怎樣地折磨著人的心靈，腐蝕著社會風氣和生活的希望。可想而知，這樣的學生怎能成為對家庭、對社會有用的人才。

更危險的是，懶惰還可以引起疾病。你若仔細觀察就會發現，那些懶散的人，連走路都拖拖拉拉。正是因為他們懶於運動，因此，冠心病、中風、高血壓、糖尿病、骨質疏鬆症、肥胖症、結腸癌以及乳腺癌等 8 種大病，都會因為懶惰而使患病風險大大增加。

第八章　懶惰是人生的腐蝕劑

如果你想擁有健康的身體，如果你有理想、有嚮往，想成為對家庭、對社會有用的人，不想平庸，就一定要有決心，改掉這種惡習。雖然克服懶惰，是件很困難的事情，但是只要你決心與懶惰分手，並且運用自己強大的意志力，持之以恆堅持改變自己的這個弱點，那麼，你有所渴望的燦爛的未來也會在你的行動中早日到來。

避重就輕難成大事

避重就輕也是懶惰的表現。這種因為懶惰而避實擊虛的投機取巧行為，其實並沒有得到真正的歷練，也難以有一番真正的作為。

一個做任何事都嫌太辛苦的人，一年之內不知換了幾次工作。每一份工作從來都沒有超過十天。因為他總感覺每一份工作都不輕鬆，自己實在吃不消。父親為他的寶貝兒子擔心，於是四處打探工作機會。

一天，父親的一位朋友為這年輕人找到了一份非常輕鬆的工作：年輕人什麼都不必做，只要每天坐在椅子上就可以了。

父子二人一聽，天下居然還有這種好事，這對於貪圖輕鬆的年輕人來說，真是再合適不過的了，於是痛快地答應了。

可是誰也沒想到，三天之後，年輕人又失業了。父親以為兒子做的工作與先前朋友答應的不一樣，便問兒子是否因為換了一份辛苦的工作而辭職。年輕人回答父親：「不是，我的確只要坐在椅子上就可以了。可是，你知道嗎？那裡的人都是躺在那裡的，而只有我一個人是坐著的，這不是太辛苦了嗎？」

父親這才知道，原來兒子做的是看守墓地的工作。

這個懶惰到極點的人，竟然拿自己去與死人相比較，簡直讓人可笑又可氣！

工作中，凡是重活累活當然需要在體力和腦力上付出更多的代價，因此，避重就輕的人在面對一項任務時候，還沒開始做就覺得自己無法勝任。並且常常會想出各種理由來為自己辯解：「這事我恐怕做不好，還是讓別人去做吧」。他們這樣做，一方面是打著自己的小算盤，認為付出多得到少不划算，一方面是因為他們不敢嘗試，不想做難度太大的工作，結果，變成了什麼都不想做的懶蟲。

避重就輕在擇業中的表現就是沒有吃苦精神，一切以舒適享受為首選的標準。

在工作中，避重就輕最明顯的表現就是愛見縫插針，對自己的工作挑來揀去，挑肥揀瘦；上班不出力、重擔不去挑。對上級交給的任務，合口味的就執行，不合口味就推諉、拖

著不辦；有的甚至講條件、提要求、要好處等。

　　但凡懶惰和避重就輕的人都缺少一種吃苦精神，他們避重就輕的目的就是為了讓自己在工作中處處少吃苦，付出最少的代價，得到豐厚的報酬。殊不知，如果總是挑肥揀瘦，嫌棄工作不體面等，當然不會得到什麼全面的歷練，自己的能力也無法提高。

　　事實上，這些人並非不具備完成艱難工作的能力，只是因為他們太懶惰了，從不願擔當走向了不敢擔當，結果，大事做不來、小事不願做，最終什麼也不會得到。

　　其實，每個職位都能鍛鍊人，而且越是最基層的地方，接觸的事情越多，所獲得的經驗越豐富，自己的才智和能力也提高得越快。從現實生活中來看，但凡受到上級重視、得到同事尊重、在事業上有大發展的，莫不是那些勇於擔當重任的苦幹者。

　　生命的過程就是成長的過程，成功需要歷練。因此，要想讓自己的人生取得輝煌的成就，就需要有意識地克服避重就輕思想，樹立迎難而上、勇於攻堅的精神，鍛鍊自己勇於擔當重任、不怕苦、不怕累的毅力，改變自己惰性十足的心理狀態。

任何時代，吃苦的精神不能丟

提高吃苦，人們總認為是忍飢挨餓的歲月才需要具備的，而今，生活水準提高了，人們還需要那種吃苦的精神嗎？

有些人可能會認為，我們家庭條件好，為什麼還要自找苦吃呢？不論從事何種行業，要想取得優秀的成就，都需要有吃苦精神。吃苦耐勞是一個人、尤其是青年人所應該具備的基本的優良品德之一。如果因為怕吃苦從而放縱自己，就會毀滅你的一生。

一天，查理突然對父親說他不想上學了。學習實在太辛苦了，自己家庭條件很好，為什麼非要刻苦讀書呢？即便沒有文化也會比其他人生活優越。因此，他向父親建議讓自己去做一些輕鬆的工作或者乾脆先去遊玩一段時間。

他的這一舉動讓父親深感意外。父親沒想到兒子居然這樣不思進取，今天的優渥生活是他多年來辛苦打拚的結果啊！但是，大道理兒子是聽不進去的。於是，第二天早上，父親告訴查理說要帶他去一個地方。能脫離學校，查理很高興，可是他沒想到，父親居然把他帶到了一座監獄前。查理不明白父親為什麼這樣做？

在那裡，父親對一個囚犯說：「老同學，我非常遺憾在這裡見到你。」

「你的遺憾不會比我的後悔更多！」那囚犯無限感慨地

第八章　懶惰是人生的腐蝕劑

說，「有時候我真希望這是一場可怕的夢。」

「到底怎麼回事？」父親驚訝地問，「當年，你可比我們這些窮孩子好多了。記得，我有一次見到你時，你居然都開閃亮的轎車了。」

「對，可那是父親的。」那囚犯回答說，「我那時認為富人的孩子根本用不著那麼費勁地去學習。那些學習刻苦的都是一些貧窮家庭的，只有他們才需要靠努力學習來出人頭地。你知道，我父親死後給我留下了一大筆財產，因此，我整天遊手好閒，和那些混混糾纏在一起。過了一段糊裡糊塗的日子之後，一天早上我醒來時，發現自己一無所有了。可是，想到自己要和其他人一樣靠辛苦勞動去賺錢，我渾身骨頭都會痛的。我吃不下去那種苦，所以我只能靠一些不正當的手段來謀生……」

說完，囚犯慚愧地低下了頭。

查理沒想到，因為懶惰、不願吃苦居然能讓人的一生發生如此轉變。此後，每當他學習想偷懶時，就想起了那個囚犯無奈而後悔的表情。「絕不能過那樣的生活！」查理在心中時時警告自己。

多年之後，當他學有所成時很感激父親及時地給自己上了一堂生動深刻的課。

就像天上不會掉餡餅一樣，沒有付出怎能有得到？無

論多麼美好的東西，人們只有付出相應的勞動和汗水才能得到。哪怕是父輩留下的，不是用自己勞動和汗水換來的東西，你就不配享用它。如果你一心想擁有某種美好的東西，卻害怕或不願意付出相應的勞動，那就是不勞而獲的表現。不能吃苦，怕吃苦，你的人生得不到磨練，也不會發出燦爛的光彩。

正因為現在的許多年輕人從小就安安穩穩無風無浪的像花朵一樣生活在溫室裡，才容易滋生懶惰和怕吃苦的思想，才容易避重就輕，缺乏勇於擔當重任的精神，所以才更需要培養自己的吃苦耐勞精神。

俗話說：「吃得苦中苦，方為人上人。」如果你想要出人頭地，就要付出超出常人十倍、百倍的努力。只有在艱難困苦的實踐中，你才可以證明自己的價值，並獲得回報。當然，所謂「人上人」並不是一般功利的想法，而是為了讓你的生命在歷練中更加堅強，具有不同於常人的承受能力，這樣才能獨立在社會上面對生活的風雨。而且，在吃苦耐勞中，你的境界和精神也會得到昇華，不僅提升了自己而且也為社會奉獻了一種高尚的精神財富。

因此，無論歷史怎樣變遷，時代怎樣發展，任何時候，吃苦的精神都不能丟！它會警示人們拋棄惰性，激勵人們奮發圖強的進取鬥志。

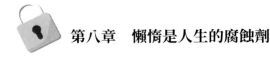

一勤天下無難事

　　亞歷山大征服波斯人之後，他有幸目睹了這個民族的生活方式。亞歷山大注意到，波斯人的生活十分腐朽，他們厭惡辛苦的勞動，只想舒適地享受一切。亞歷山大不禁感慨道：「沒有什麼東西比懶惰和貪圖享受更容易使一個民族奴顏婢膝的了；也沒有什麼比辛勤勞動的人們更高尚的了。」

　　的確，一勤天下無難事。勤奮不僅能夠彌補自己先天的缺陷，而且也開業改變自己懶惰的習慣。因此，對於那些懶惰成性的人來說，勤快無疑是根治他們弱點的良丹妙藥。

　　古今中外歷史上，成就一番事業的人們無一不是源於勤奮。

　　清朝的康熙皇帝是擁有雄才大略的一代英明的君主。他的才能也是來自於勤奮地汲取知識。康熙在很小的時候就刻苦讀書。每天竟達 10 餘小時之多。至青年時，經、史、子、集便滾瓜爛熟。特別可貴的是，他成年以後，在治理國家的實踐中，知道了自然科學的重要，便苦學起自然科學來。據史書《正教奉褒》記載：他親自召見外國傳教士中明白自然科學的徐日昇、張誠、白進、安多等人，請他們輪流到內廷養心殿講學。講學內容有：量法、測算、天文、曆法、物理諸學。就是外出巡視，也邀請張誠等人隨行，每天工作空閒的時候，勤奮學習自然科學知識。

　　因此，可以說，正是由於康熙勤奮努力，勵精圖治，從不敢有懈怠之心，才創造了康熙盛世。

　　由此可見，任何人，要享受事業的成功，都需要付出你的辛勞汗水，用勤勞的行動來實現。唯有勤奮，才能在無垠的知識海洋裡學習到豐富的知識和智慧，才能不斷地開拓新的領域，獲得知識的報酬。

　　我們知道，《哈利波特》是風靡世界的一部著作。可是，這部書的作者 J‧K‧羅琳（J. K. Rowling）可不是天生就是個勤快的人。她創造這部書的過程也是戰勝自己惰性的過程。

　　J‧K‧羅琳早早就有決定寫一部書的願望，可是，她一直無法戰勝自己的惰性，於是，寫作也被一拖再拖，始終無法完成。

　　眼看時間在自己的懶散成性中一天天無意義地浪費了，J‧K‧羅琳經過冷靜地思考，決定馬上行動起來。她制訂了一個計劃，把起床的鬧鐘定在每天早上七點半：七點半起床，到了八點鐘，他便可以坐在打字機前。並且她對自己要求苛刻，要坐在電腦前，一直坐到她在紙上寫出東西為止。如果寫不出來，哪怕坐一整天，也絕不動搖。她還訂了一個獎懲辦法：每天寫完一頁紙才能吃早飯。

　　剛開始，哈利為自己的計畫付出了不小的代價。因為打字速度太慢，第一天，她直到下午兩點鐘才打完一頁紙。即

第八章　懶惰是人生的腐蝕劑

便這樣，J·K·羅琳也沒有停下來先去吃飯。第二天，J·K·羅琳有了很大進步，坐在打字機前不到兩小時，就打完了一頁紙，較早地吃上了早飯。第三天，她很快就打完了一頁紙，接著又連續打了五頁紙，這才想起吃早飯的事。

就這樣，她的惰性居然改變了。曾經讓他十分發愁的長篇巨著也在他的勤快的工作中完成了。經過了長達 12 年的努力，《哈利波特》終於問世了。僅在美國就發行了 160 萬冊精裝本和 370 萬冊平裝本。J·K·羅琳因此獲得了美國著名的「普立茲獎」。

原來，戰勝自己的惰性並非不可能，這是 J·K·羅琳在寫作中最大的收穫。

辛勤的勞動是成功的階梯，辛勤勞動也是快樂與幸福昇華的源泉。幸福生活的指數，關鍵在於勤奮的程度如何，付出的汗水有多少。勤勞的人們總是用自己的雙手尋找、挖掘出生活中的幸福與快樂，懶惰對他們來說是無法忍受的痛苦，因此，成功的事業、幸福的生活也會垂青他們；而懶惰者，因為貪圖享受和安逸，從來不會想辦法創造幸福，當然也體會不到辛勤勞動的快樂，因此，幸福和快樂也會永遠遠離他們。

既然勤奮可以讓我們的命運因此發生巨變，每個人都渴望自己能擺脫懶惰的魔鬼，讓自己變得勤奮起來。改變自己的惰性也需要因人而異，採取不同的措施。

▌ 自己行動追求「利益」

俗話說：「無利不起早」「利益」是比較現實的，也是每個人都需要追求的目的之一。特別是競爭激烈的時代，只有早起的鳥兒才會有蟲吃。因此，假如你因為惰性而遲遲不肯行動時，不妨想一下自己要爭取的利益，自然會讓自己行動起來。

▌ 讓理想和目標將自己行動起來

當然，世界上不是人人都喜歡「利」，因此，如果要克服自己的惰性，首先要建立一個理想的目標。比如，出國深造是你的目的，成為科學家、音樂家、畫家等等也是你的夢想。那麼，等我們明確了自己的目標之後，就會找到一些可以把自己行動起來的力量，就不會再毫無目的的懶惰下去。

▌ 自我加壓

每個人都是這樣，一旦無所事事，沒有壓力、沒有鞭策，就會懈怠下來，就會不思進取、得過且過，就會一事無成。

壓力就是動力。自我施加壓力，等於給自己安上了一個「驅動器」，借助於這個驅動器，就能促使你衝破層層阻力，闖過道道難關，成就一番事業。正是因為有了這些鞭策，才不斷推動你去學習和工作，去完成一個個看起來很難但經過努力終於能夠完成的任務。在這個過程中，你便得到了鍛

鍊，得到了昇華，得到了超越，因此，如果你感到自己沒有什麼壓力，要學會自我加壓。

也可以把自己的目標張貼出來，讓他人監督和鞭策自己，那樣也可以改變自己避重就輕的惰性。

▌讓頑強的意志力支撐自己

要實現從懶惰到勤奮重要的是，付諸行動，用自己堅強的意志力戰勝自己。在意志力的支撐下堅持下來。哪怕剛開始只是一小步一小步的跨越，只要你能堅持努力下去，很多看似不可思議的事情，勤奮也能把它變成現實。

命運靠自己來掌握，攜帶懶惰永遠難逃厄運，選擇勤勞就可以得到幸福。因此，惰性十足的人，要勇於衝破懶惰編織的命運的羅網，依靠自己的勤奮勞動，為自己贏得更加廣闊的舞臺。堅持下去，你會發現，原來任何不可戰勝的困難都會被你的勤快、勤勞所打敗，你會體驗到「一勤天下無難事」的真正快樂。

戰勝拖延，立刻行動

相信，每個人的心中都曾有很多美好的夢想，也有很多人曾經立下誓言要成就一番事業，但最後，只有少數人與成功結緣。為什麼？因為大多數人行動不力，在奮鬥的路途上被自己的惰性打敗了。他們不能全力以赴地快速行動起來，

凡事總是今天拖明天，明天拖後天，因此，夢想永遠也不會變成理想。

如果你留意，你會發現，在我們周圍，總有許多人辦事拖拖拉拉。比如，在工作期間，不是閒談就是喝咖啡、削鉛筆、閱讀書報、處理私事、清理文具、看電視等，把大好的時光都磨蹭在這些無關重要的事情上，很少花時間做正事。因此，他們只能空感嘆：「一天又過去了，我還什麼都沒做呢？」這也是惰性十足的表現。

小劉在某個政府部門工作，日常職責就是收發郵件、接聽來訪電話以及處理一些日常雜事。清閒的工作加上他本身的懶散性格，愈發造成了對工作拖拖拉拉的態度。如果上司讓他提交一份檔案，總是一推再推，直到上司要求的最後一天才開始著手準備。結果，總是丟三落四，不完美。

久而久之，上級也覺得他工作缺乏積極主動性，談話也沒有結果後就安排他去繁忙的企業了。讓他在那裡體驗工作的高效率，改變他的拖延毛病。

拖拖拉拉的人總把「明天做、以後做」這樣的話掛在嘴邊，他們通常的心態是「能拖一天是一天，能晚一天是一天」。在他們的字典裡，似乎從來沒有「緊急」這個字眼，在他們看來，「車到山前必有路」，於是得過且過，就算泰山壓頂，也仍然要不緊不慢地前進。表現在工作中就是，不但對於不喜歡的事、太費力氣的事通通往後拖，就是對於簡

第八章　懶惰是人生的腐蝕劑

單的、容易完成的事情也磨磨蹭蹭。他們儘管也會一天都坐在電腦前，但總是東摸西整，時不時去趟茶水間、洗手間，卻唯獨怠慢了手頭上重要的事情。拖延的結果是：任務堆積如山，壓力越積越大，身心疲憊不堪。

這樣的人自我約束能力差，最終，懶惰的心理成為他們人生前行路上的絆腳石。

因此，如果你發現自己一直沒有得到希望的職位和薪水，自己的生活一直沒有得到什麼大的改變，不妨想一下，你是否因為貪圖安逸和舒服，而拖延甚至放棄了原本應該堅持的。如果是那樣的話，就下決心改變自己拖延的弱點吧。

▌珍惜時間

做事拖延者大多沒有認識到時間的重要性，沒能養成遇事馬上做、日新月異的好習慣，而且還會讓你找出成千上萬個理由來辯解為什麼事情無法完成。因此，要改變這樣的弱點首先要樹立起珍惜時間的觀念。

莎士比亞說過：「拋棄時間的人，時間也會拋棄他」。因此，有惰性的人需要明白：今天就是你全部生活的縮影，要戰勝自己的惰性，需要珍惜時間，珍惜今天，要有緊迫感。否則，拋棄今天的人，今天也會拋棄他；而被今天拋棄的人，也就沒有了明天。最終，被拖跨的不是工作，也不是別人，而是你自己。

▍向成功人物學習

歷史上但凡聰明、勤奮、有志的人，深深懂得時間就是生命，他們絕不把今天寶貴的時光虛擲給明天。

美國的華盛頓總統（George Washington）習慣在 4 點吃飯，有時候應邀到白宮吃飯的國會新成員遲到了，這個時候華盛頓就會自顧自地吃飯而不理睬他們，這使他們感到很尷尬。華盛頓經常這樣說：「我的手錶從來不問客人有沒有到，它只問時間有沒有到。」

有一次他的祕書找藉口說，自己遲到的原因是錶慢了。華盛頓回答說：「那麼，不然你換塊新錶，或者我換個新祕書。」

連偉人都如此珍惜時間，普通人要成就一番事業更需要分秒必爭。因為時間就是人生的組成部分，流失的都是你的大好年華。等到白頭空悲已為時已晚。

▍明天給你的是空頭支票

拖延的人總是把明天作為拖延的擋箭牌。其實明天給你的是永遠無法兌現的空頭支票。明天是個一毛不拔的吝嗇鬼，它用虛假的許諾、期待和希望大量地剝削你的財富，只有傻瓜才會對它念念不忘、情有獨鍾。想一下，明天你存的錢可能就會貶值，明天曾經答應好的生意可能就會反悔。甚至明天就有不可預測的災難到來，讓你的美夢難以實現。因此，你還把希望寄託於明天嗎？

第八章　懶惰是人生的腐蝕劑

　　智者從來不會相信所謂的明天。曾有人問一名頗有名望的企業家，怎麼能夠在事業上取得巨大成就的同時還承擔多種社會職務，她回答說：「我只是從不把今天可以做的事情拖到明天，僅此而已。」

為自己制訂行動計畫

　　很多懶惰的人，他們沒有行動計畫，把困難無限誇大，以致沒有行動的信心。因此，在做每一件重要事情前，都要有行動計畫，依計劃行事，這樣就會做到有備而來。一項計劃完成了，就會有決心去完成下一個計畫。

　　比如，你計劃今天完成一項工作，那就立刻行動起來，不完成要拿出措施懲罰自己。

馬上動手

　　其實只要認定這是一件該做的事，現在就該行動起來，如果等弄清解決辦法後再做，那就什麼也做不成。因此，不要問自己「我最遲什麼時候開始」，而要問自己「我最快什麼時候能開始」！不妨命令自己：現在馬上就動手，把所有的時間和精力用在正事上。否則，再拖下去就完蛋了。

讓他人督促自己

　　在我們的生活中，最大的挑戰就是如何戰勝自己。因此對那些管不住自己的人，可請朋友隨時監督自己的行動。很多人

往往在無形中就犯了錯誤，朋友的監督會讓其及時糾正錯誤。

　　也可以把你的目標公之於眾，給自己一點鞭策力。當你行動起來時，克服困難的力量是難以想像的。

　　總之，愛拖延的人從今天開始，要克己自制，拿出最大毅力改過自新，克服拖拖拉拉、當一天和尚撞一天鐘的不良習慣，把握住今天，把握好當下；不然，你將永遠是毫無進步，虛度光陰，悔之莫及。

骨頭要挑硬的啃

　　凡是懶惰和避重就輕的人大多不敢負擔重任，他們見到困難首先想到的就是躲避、逃避。這樣不會顯示自己的無能也不用負擔做不好的責任。在這種懶惰思想的支配下，他們的工作得過且過，不會有進步，他們的人生也不會完成跨越和提升。

　　與不求進取、安於現狀、避重就輕等懶惰者相比，成功者往往不喜歡平穩凡庸的生活，而有膽量去嘗試一些困難的、冒險的、但卻有內容、有意義的生活。因為他們知道，當困難克服了，險境過去了，他們才會嘗到一些人生的真味，而他們最大的收穫卻往往是成功的快樂。

　　泰克是在休斯頓某電視臺工作的初級廣告銷售代表。作為一名剛進入此行的年輕非裔美國人，在競爭如此慘烈的情

第八章　懶惰是人生的腐蝕劑

況下，他明白自己必須比其他同事更加努力工作才能獲得成功而不是逃避困難和挑戰。

　　一天，臺裡宣布需要有人來負責銷售政治類廣告。其他業務員都不看好這個費力不討好的業務，當時臺裡幾乎也沒有什麼人能完全勝任這個工作，當然也沒有人接單。可是，泰克發現自己在郵政大學學習期間從事的與華盛頓政治相關的外圍工作對此會很有幫助，於是，他主動請纓接下了這個燙手山芋。

　　雖然他剛接手時心裡也有點擔心，但他沒有退卻，也沒有避重就輕。他看到了這個職位是可以鍛鍊人的位置，可以豐富自己在業務方面的寶貴知識與技能，於是，毫不猶豫地接下來，要把這塊硬骨頭啃下來。

　　當然，憑著他的艱苦努力，開拓了市場。如今，他的業務和仕途雙豐收，自己不僅變成負責高級商業客戶的高級銷售經理，而且還成了老闆眼中的大紅人。

　　由此可見，燙手的山芋也是自己尋找能展現自身才華的機會。

　　可是生活中，很多懶惰者大多也是懦弱者，他們沒有信心，懷疑自己是否有能力完成如此重要的任務，所以在責任面前後退，在面對該承擔的責任時往往會選擇逃避。相反，那些勤奮的人們會動腦筋，千方百計想盡辦法去克服困難。

因此，面對工作中的重任和困難，他們不會避重就輕，而是
當仁不讓，承擔下來，專門去「挑大梁」。運用他們勤奮的
努力，動腦，把燙手的山芋吃出漂亮的花朵。

與避重就輕相比，勇於啃硬骨頭就是勇於擔當重任的表
現。當然，這種擔當不是僅憑勇氣，而是以勤奮努力為依
託。只要勤於動腦，任何困難都可以戰勝。因此，對於每一
個渴望成功的人來說，要想徹底剷除隱藏在心底的惰性，就
要透過勤努力、勤實踐來強化自己的能力，那麼，成功就會
變得離我們不再遙遠。

第八章　懶惰是人生的腐蝕劑

第九章
所謂勇者是能戰勝恐懼的人

第九章　所謂勇者是能戰勝恐懼的人

一位功勳顯赫的老兵在回憶一場惡戰時，對前來採訪他的記者說：「在衝出壕溝發起衝鋒的瞬間，我當然也害怕，心裡也有恐懼，只不過我戰勝了心中的恐懼。」

強者並非無所畏懼的鹹蛋超人，他也會有恐懼，他與弱者的區別是：弱者會聽從恐懼的話，屈服與恐懼的淫威；而強者勇於正視恐懼，迎接挑戰，就像魯迅所說的 ——「真的勇士，勇於面對慘淡的人生。明知山有虎，但緣於責任與擔當，強者選擇的是偏向虎山行。」

當你像哥倫布一樣，去到人跡未至的大海之中，當然會有恐懼，而且是很深的恐懼，因為誰也不知道後頭將會發生什麼事。離開了安全的陸地，從某個角度看在陸地上的一切都很好，唯獨欠缺一樣 —— 冒險。戰勝恐懼接受未知的挑戰就叫勇敢。恐懼會在那裡，但當你一又一次地接受挑戰，慢慢地，那些恐懼就會消逝。伴隨未知所帶來的喜悅和無比的狂喜，這些經驗會使你堅強、使你完整，啟發你的敏銳才智。

永不喪失勇氣的人不會被打敗

西元 1796 年 3 月 10 日，拿破崙面對奧地利人的攻勢，在羅迪架起橋，在橋的這邊集結法國軍隊。他的後面是 6,000 人組成的軍隊。拿破崙在橋頭集合了 4,000 榴彈兵，前面又布置了 300 名槍手。隨著第一聲戰鼓的敲響，最前面的士兵

在一片霰彈的爆炸聲中衝出了街牆的掩護，試圖通過大橋的入口。但突然間，衝在前面的士兵紛紛倒下，如同收割機前的穀子一般。緊接著，整個法國軍隊停滯不前了，有人甚至開始退縮了，英勇的榴彈兵被眼前的情形嚇得驚慌失措。

拿破崙一言不發，甚至沒有流露出一點責備的意思。他親自來到隊伍的最前面，他的助手和將軍也衝到了他的身旁。由拿破崙打頭陣的這支隊伍跨過前進道路上的士兵屍體快速前進，僅用了幾秒鐘就越過了幾百碼的距離。奧地利人射出的子彈根本不能阻止法軍快速前進的步伐。對於奧地利軍隊的射擊手來說，法軍前進的速度實在是太快了。

奇蹟就在突然之間出現了：奧地利的炮手幾乎在瞬間放棄了他們的武器，他們的後援力量也沒有膽量沖上前與法國士兵交戰，而是在驚恐中四散逃跑了。就這樣，拿破崙站在了征服奧地利的前線。

與其說拿破崙用武力征服了對手，還不如說他用勇敢征服了對手。膽量、勇氣和魄力無疑是這個時代重要的品德。許多成功人士都是依靠勇氣在事業上勝人一籌、取得成功的。

有一個青年跋山涉水去尋找勇氣。用了三個月，他找到智者面前：「我不遠萬里而來，想尋找勇氣。」

智者說：「先挨我一棒再說吧！」說完打了青年一棒，叫青年明天再來。

第九章　所謂勇者是能戰勝恐懼的人

　　第二天，他又來到智者跟前。

　　智者說：「先挨我一棒再說吧！」說完打了青年一棒，叫青年明天再來。

　　第三天、第四天、第五天，青年去敲門，智者均將青年打了一棒之後又打發走了他。

　　第六天，青年去尋找勇氣，智者說：「先挨我一棒再說吧！」

　　青年這次沒有等智者的棒子打到自己，就一把搶了棒子扔到地上，大聲抗議：「每次我來你都這樣消遣我，我到底要何時才能找到勇氣？！」

　　智者笑咪咪看著青年說：「這不，你已經找到了勇氣！」

　　原來，勇氣就是勇於行動。成功的人和失敗的人，最大的區別不在智力的強弱，能力的大小，而在於是否相信自己，是否勇於冒險，勇於對自己的判斷採取果斷的行動。勇氣就是遭遇困難頭不會低下。

　　奧里森‧馬登（Orison Marden）被稱為現代成功學之父，在他的《高貴的個性》一書中，記錄了下面這則故事。

　　奧弗格納城的一個衛戍部隊巡邏戰士被困在被包圍的城堡中，他不斷地對敵人進行射擊，從一個窗口換到另一個窗口，這樣既可以進攻又可以有效地保護自己。而當整個城市的投降協議簽署完畢之後，對方要求城堡中的「衛戍部隊」

也出來投降時，令所有人感到吃驚的是，只有一個人走了出來。就是那個「最勇敢的法國第一槍手」，而且他還扛著了自己的武器。奧地利軍隊的指揮官對著他大叫：「你們整個衛戍部隊必須放棄城堡！」接著又問：「你們的部隊在哪裡？」這個唯一還在守衛城堡的戰士驕傲地答道：「我就是。」

一個戰士就是一支部隊，這個戰士是一個多麼勇敢的人！這種人無愧於擁有「高貴的個性」的稱號。一個高貴的人，一定是一個勇於面對一切的人。

一個永不喪失勇氣的人是不會被打敗的。就像英國著名詩人彌爾頓（John Milton）所說的──

> 即使土地喪失了，那有什麼關係。
> 即使所有的東西都喪失了，
> 但不可被征服的志願和勇氣
> 是永遠不會屈服的。

懦弱會讓你失去成功的機會

石縫中的野草，懸崖上的松柏，暴風雨中的海燕……它們並非具有天生的神力，但是它們卻創造了人們想像不到的奇蹟。這是因為它們具有挑戰「不可能」這個目標的勇氣。

一個人在遭遇挫折時，缺乏面對的勇氣，那麼，他的自信會受到挑戰，對生命也不再充滿熱情。「勇氣」對一個人來說，如同生命的能量，不可或缺。

第九章　所謂勇者是能戰勝恐懼的人

一個對自己命運不滿意的人，在夢中遇到了上帝，於是他對上帝說：「您給我一個最好的形象，我將永遠崇拜您。」

上帝仁慈地回答：「好，你準備做人吧，這是世界上最好的形象。」

這人問：「做人有風險嗎？」

「有，激烈的競爭，成敗，貧富以及鉤心鬥角、殘殺、誹謗、夭折、瘟疫……」

「另換一個吧。」

「那就做動物吧！」

「做動物有風險嗎？」

「有，受鞭打，被宰殺……那些稀有動物甚至還會經常被人獵殺，瀕臨滅絕。」

「啊，上帝，我不想當動物了，那還是再換一個吧。植物總可以吧。」

「植物也有風險，樹要遭砍伐，有毒的草被製成藥物，無毒的草人獸食之……」

「啊，恕我斗膽，看來只有您沒風險了，我留在您身邊吧？」

上帝哼了一聲：「我也有風險，人世間難免有冤情，我也難免被人責問，時時不安……」

「那……」就在這個人正在考慮做什麼才沒有風險時，上帝順手扯過一張鼠皮，包裹了他。「去吧，你做牠正合適。」

於是，這個人從夢中驚醒，發現自己居然變成了老鼠。

我們常常說懦弱的人膽小如鼠，對於一個什麼都不敢去做的軟弱靈魂，這樣的比喻正合適。他們無論做人還是做事都過於謹慎，小心翼翼，常多慮，猶豫不決，稍有挫折就退縮，因而影響自我開發目標的完成。因為他們處處躲避風險，不敢嘗試，他們的生活永遠也不會有勝利的曙光出現。

生活中，但凡那些在事業上停滯不前，以至一事無成的人，其中一個很重要的原因就是懦弱，不敢表現自己。面對任何事情，他們都習慣性地先採取守勢，活像個受到意外驚嚇的小刺蝟，有時機遇來了也遲疑不決，猶豫不定，缺乏主動性和積極性。對他們來說，推卸和逃避已經是一種習慣。正是那種習慣性的退縮使他們失去了他對別人和別人對他的關注，也讓他們失去了成功的機會。

他們這種懦弱的弱點一方面是先天自身存在著某些性格、氣質方面的缺陷所引起的，一方面也是因為對現實畏懼心理所致。對捉摸不定的未來的恐懼使人們不願輕易改變現狀。因此，儘管目前狀況苦不堪言，但未知的將來卻可能更加可怕，於是他們寧願忍受現在的痛苦而不去做什麼改變。

在求職中，這種懦弱的心理表現就是特別渴望得到他人承認，得到面試方的肯定。然而，這種願望有多強烈，隨之而來的畏懼就有多深。你會產生這樣的恐懼和擔心；如果我得不到這份工作，結果將會怎樣？如果不受歡迎怎麼辦？這

第九章　所謂勇者是能戰勝恐懼的人

些問題會變得越來越突出，並對求職者的行為產生影響，其思路也會因此發生微妙的變化。

在工作中，懦弱的人因為擔心自己不受歡迎，也不再根據自身的能力和熱情來展示自己，而選擇一味地追求得到承認和贏得讚許，費盡心思討他人歡喜，喪失自己的立場。結果，反而對自己的性格也產生更嚴重的影響。最終，與近在眼前的成功機會擦肩而過。

不論個人還在組織，一旦因為恐懼和懦弱而停滯不前，就會喪失競爭力。

西元 1967 年，瑞士手錶製造商在其研究中心發明了電子石英錶，然而他們卻拒絕了生產這種手錶的建議。他們擔心沒人會要一塊沒有發條的手錶。因此，不敢投放市場。10 年之後，這一決策卻使瑞士手錶的市場占有率從 65% 下降到了不足 10%。

而日本公司卻迎難而上，他們勇敢地挑戰市場，引導消費者利用瑞士公司的發明，大規模生產、推廣了電子錶。當然，他們在電子錶行業也後來居上。

人生在於設計，在於主動地謀劃。一個懦弱的人如果不積極地創造條件，就意味著丟掉良機。

有位哲人說過「你若失去財產，你只失去一點；你若失去榮譽，你就失去很多；你若失去勇敢，你就把一切都失去

了。」人生本來就是變數，在通往成功的路途上更是荊棘叢生，如果膽怯懦弱，就無法邁動腳步。沒有膽量，即便機會來臨，你也有與之失之交臂，只能是失敗的代名詞。

只有勇敢才是你人格中最神聖，最寶貴的東西。勇者無敵，敢者無懼。機遇只垂青於那些富有進取意識和創造力的人。

那些性格懦弱的人，要想在困境中被救出來，要勇敢地去闖、去嘗試，勇敢嘗試才有成功的可能。

成功屬於勇敢無畏者

我們每個人都渴望成功，但是成功需要敢闖敢試、敢打敢拚，這可不是每個人都具備的。因為闖蕩就意味著要離開自己的父母親人，離開多年熟悉的環境，去獨自面對莫測的環境，必然伴隨風險。因此，很多人怕承擔風險，不敢闖蕩，最後與成功失之交臂。

人生需要去闖，要有勇敢的精神，在目標召喚下勇敢地去做、勇敢地去闖，敢把自己豁出去。雖然在開始的時候我們並不知道結果如何，也需要嘗試、試驗、挑戰，因為能拯救自己的只能是自己。如果因為懦弱和恐懼，縮手縮腳或者等待命運女神的青睞，等來的只能是悲觀的結局。

在成長的過程中，不論是自然環境還是社會環境，總有

第九章　所謂勇者是能戰勝恐懼的人

一些意想不到的困難在考驗著你，只有勇敢去闖的人，最終才會走向成功。特別是習慣於依賴父母，在溫暖的環境中長大的年輕人，要消除自己的一身嬌氣，敢闖敢拚，勇於吃苦，才能增加自己成功的籌碼。

未來屬於勇敢無畏者。當你遇到困難的時候，要有敢把自己豁出去的膽量。這樣做，是為了讓自己等待鍛鍊。因此，盡量不要理會那些使你認為你不能成功的疑慮，勇往直前，哪怕拼著失敗也要去做做看，其結果往往並非真的會失敗。否則，你永遠只能是溫室的豆芽。

當然，強者不是天生的，強者也並非沒有軟弱的時候，強者之所以成為強者，正在於他善於戰勝自己的軟弱。

當球王比利（Pelé）剛來到桑托斯這支著名的足球隊時，那種緊張和恐懼的心情，簡直沒辦法形容。

後來，他回憶說「正式練球開始了，我已嚇得幾乎快要癱瘓了。」比利原以為剛進球隊只不過練練盤球、傳球什麼的，哪知道第一次，教練就讓他上場，還讓他踢主力中鋒。在這樣的情況下，他幾乎是被硬逼著上場的。緊張的比利半天沒回過神來，每次球滾到他身邊，他都好像是看見別人的拳頭向他擊來。還有那些使他深感畏懼的足球明星們，他們是否會輕視自己。

就是在這樣惶恐不安的恐懼心理中比利艱難地度過了一天又一天。可是，一段時間後，當他只想到踢球，不顧一切

地在場上奔跑起來時，便漸漸忘了是跟誰在踢球，甚至連自己的存在也忘了，以為又是在故鄉的球場上練球了。

慢慢地，隨著比利對新環境的逐漸適應，他的恐懼心理逐漸減少了，球藝也越來越高。而且他還發現，那些大牌明星並沒有自己所想像的那樣高傲冷漠，他們對自己相當友善。原來受那麼多的精神煎熬，都是自己嚇唬自己。

由此可見，畏懼是一種心病，所以只能用「心藥」。這藥的配方就是冷靜地剖析自我，選擇無畏。要戰勝懦弱和恐懼，下面幾種方法可以幫助你。

▌ 拋棄依賴的拐杖

通常，習慣於依賴別人的人常常會在困難面前表現得十分懦弱。因為他們在平時受到過太多的他人的幫助。遇到危險，哪怕是會喪失生命，他們也會習慣性地等待著別人幫助自己。其實，依靠別人不如依靠自己，戰勝怯懦和恐懼就需要丟掉依賴的拐杖，看看自己到底有多大的勇氣，有怎樣的能力。

▌ 心態樂觀

克服畏懼心理還需要保持心態的積極樂觀。

美國醫生曾經對被恐懼折磨的患者做過這樣一個實驗：他讓患者服用一種藥。這種藥呈粉狀。結果發現，當患者對這種藥持樂觀態度時，治療效果就顯著。而且服用安慰劑以後，幾乎90%的患者感到病情大大減輕，有人甚至痊癒。

其實，這種藥是用水和糖加上某種顏色配製的安慰劑，沒有一點藥物作用。

因此，在對自身能力有充分的了解和掌握之前，你必須要有積極樂觀的心態。這種陽光心態也是你戰勝怯懦和畏懼的基礎。

對自己說沒有什麼大不了

有些怯懦和恐懼是因為擔心失敗而至，害怕招致別人的議論，從而引起壓力與擔憂。那麼，你可以告訴自己：沒什麼大不了。

人的一生，要想奮鬥就有可能遇到失敗，但我們如果因害怕失敗而畏縮不前，那就將一事無成。其實，人們的許多經驗與聰明才智都是以失敗的教訓換來的，因此，你不妨把挫折磨難看作是磨練意志、鍛鍊能力的好機會，慢慢地就會變得勇敢、堅強起來。

果斷行動

有些怯懦的人並不是不想改變，然而遺憾的是，他那一套本來可能是可行的方案卻只是停留在腦袋裡，因為擔心失敗而從來沒有付諸行動。因此，建議這些朋友，只要是自己看準了的，就要當機立斷，勇敢地付諸行動。在行動中你才能得到鍛鍊，變得成熟和堅強。

　　其實，許多困難並沒有你想像的那麼可怕，任何困難都是可以克服的，只要你敢想、敢闖、敢試、敢做。因此，面對挑戰要勇於亮劍，不當可恥的逃兵。如果臨陣退縮不前，結果就是目標離我們越來越遠，最終等待我們的是失敗與失望。

給自己一個勇敢的理由

　　在汶川大地震中，一位年近 12 歲的少年在搖搖欲墜的教室中，冒著隨時都可能倒塌的危險，一連搶救出好幾位同學，他臨危不懼的勇氣實在令人佩服。人們不由地感嘆：自古英雄出少年！

　　可是，為什麼大多數孩子沒有能像他一樣勇敢呢？甚至連自我保護都不會。這其中，基因遺傳的勇敢因素不可輕視。根據遺傳學理論，在衝動的膽汁質和多血質性格中，有的人，在大難面前，會突然激起自己戰勝困難的勇氣，而黏液質卻會膽怯從而猶豫不決。

　　正因為根據遺傳基因，生下來就勇敢無比的人只是少數。正因為多數人的心理都是極為脆弱的，因此，更多的時候，需要一種信念和目標來支撐，讓自己變得勇敢和強大起來。只要有了這樣一種信念和目標，生命便會產生一種力量。這個理由看似簡單，但勇往無敵，無論遇到什麼樣的困難，陷入什麼樣的艱難境地，都會堅強的站起來。

第九章　所謂勇者是能戰勝恐懼的人

當你的人生有了一個堅強的理由，本來懦弱的人也會變得強大無比，所向披靡。

有位中年人在五金公司已經工作了 18 年，可是，有一天，他居然接到了裁員的通知。頓時，他有一種天塌下來的感覺，整個人都垮了。本來，他的兒子正在上大學，學費還是親戚湊齊的。老婆沒有什麼固定的工作；父母還需要贍養；只有靠他的微薄收入，是全家的生活支柱。這下，他感到自己前途一片黯淡。從來沒有想過去應徵工作的他開始四處奔波，但是，這個年齡應徵成功的機率也很低，所以他非常沮喪。

但是，馬上就面臨著兒子要交下學期的學費了。他總不能還向親戚開口吧。這個生性懦弱的人突然感到一股男子漢的血氣湧上心頭。他感到自己責任重大，他要為兒子樹立個榜樣，不能讓兒子因為貧窮的家庭而自卑，更不能讓他感到命運的捉弄是無法戰勝的，從此失去克服困難的勇氣。生活需要他勇敢，不能趴下。於是，奇怪的事情發生了，這個生來懦弱的人變得強大起來，他開始把自己的弱點轉變為優勢。他第一次當家作主，拿出家中僅有的 3,000 元買了一輛三輪車，開始到外地去販賣蔬菜。

因為他是初次做菜販，不論供貨的商人還是同行都欺騙他、排擠他。但是，與以前不同的是，他不再忍讓和退卻，

而是無所畏懼地面對他們的刁難，以牙還牙地捍衛自己的利益。別人看到這個老實的「軟柿子」居然像老虎一樣威嚴不可侵犯，菜販和供貨商對他的態度也開始逐漸好起來，不再存心坑騙他。家人也為他的轉變而驚訝。

可是，在他看來，沒什麼大不了，因為他的心中始終有一個信念，要為兒子做個榜樣，讓他知道什麼是頂天立地的男子漢。正是因為有了這樣一種信念，他變得強大起來。現在，不但早已脫離貧困，而且成了本市最大的蔬菜批發商。

一個先天懦弱的人也會變得勇敢強大起來，只要你找到那些讓你勇敢的理由。一般來說，愛可以增強我們戰勝困難的勇氣。因此，如果你在困難的絆腳石面前徘徊不前、猶豫不決時，請想一下你的親人。他們對你的期望是什麼？你讓他們驕傲還是讓他們失望？如果退縮會讓他們失望，你忍心看他們失望的表情嗎？

不論是親人的關愛還是生活對你的需要，自己都不能退縮。這就是讓你勇敢的理由。信任和鼓勵也是讓你勇敢的理由。當你因為怯懦而感到無法支持想逃避時，不妨想想那些對你充滿渴盼的眼神，想像一下退縮的結果。

懦弱就像黑夜，你越擔心，就越恐懼。只要臉朝向陽光，把陰影忘得一乾二淨，便不會再害怕黑夜了！人生也是如此，很多時候，我們不是被敵人打敗了，而是在未與對手

第九章　所謂勇者是能戰勝恐懼的人

交鋒前，就用可怕的想像嚇唬住了自己。因此，當你畏懼困難想要放棄嘗試時，不妨想一下，你退縮的結果會是什麼？

當你面對責任的時候，你退縮了，你和目標之間的距離是否會原來越遠？當你接受任務的時候猶豫了，你在團體裡還保有原來的位置嗎？當你執行任務的時候，你總是尋找理由退縮，你還有可能完成任務嗎？你總是以膽小鬼的形象出現，別人會怎麼看你？你人生的價值又怎麼展現？如果懦弱和畏懼讓你與成功失之交臂，在別人舉杯祝賀時，你卻只能在失敗的角落痛苦地哭泣，你甘心嗎？

如果你不甘心，那麼以上這些就是讓你勇氣倍增的理由！

勇敢的理由就是驅散恐懼陰影的陽光。只要心中充滿陽光，你就能把陰影拋到腦後。

大勇需要大智

擋我者披，所擊者靡，攻無不克，戰無不勝，這是以勇力取勝。山若有把可以舉得起，地若有環可以提得起，這是以勇力服人。勇者無懼。

有勇氣當然會增添我們戰勝困難的膽量，但是，勇氣還需要和智慧結合，否則，就是盲目的勇敢，就會適得其反。

論語曰：「古之所謂豪傑之士者，必有過人之節，人情有所不能忍者，匹夫見辱，拔劍而起，挺身而鬥，此不足為勇也。天下有大勇者，猝然臨之而不驚，無故加之而不怒，

此其所挾持者甚大，而其志甚遠哉也。」縱觀我們的身邊，不乏有匹夫之勇者。特別是年輕氣盛的人，雖然他們勇氣可嘉，但是如果缺乏智慧的頭腦，就會被他人利用，最終無法達到自己所希望的目的。

與匹夫之勇相對的，就是大智大勇。只有大勇大智才是真正的勇敢，智慧會給你一個判斷清晰的頭腦，會幫助勇氣辨明奮鬥的方向。

唐朝的裴略出身高官之家，頭腦靈活，為人機警，當了兩年多的宮中侍衛，長了很多見識。

這一年，裴略參加了兵部主辦的武官考試，自我感覺良好的他沒想到竟名落孫山。氣惱之餘，裴略陡然升起一股不服輸的念頭，他要想去找宰相溫彥博申訴。

以裴略的身分和地位，和宰相溫彥博可謂天地之差。但是裴略初生牛犢不怕虎，他就是要為自己爭取一個扭轉命運的機會。

那天，正巧兵部尚書吐如晦也在溫家。裴略一見杜如晦也在座，感到機會難得。上前施禮後，便大言不慚地對溫、杜二人說：「我在宮中做了幾年，長了不少見識，尤其記憶力極好，別人說一段話，我能一字不漏地複述下來。如果在朝廷做個通事舍人，我相信是非常稱職的。」

溫彥博一聽笑了起來，心想這人真是自命不凡。他看了看杜如晦，見他沒有開口說話的意思，便對裴略說：「太宗

第九章　所謂勇者是能戰勝恐懼的人

皇帝愛才惜才古今少有，但皇上量才錄用，視能授職，要透過考試程序。前不久兵部主辦的考試你參加了嗎？」

裴略介面說：「我不但參加了，而且考得很好；但也許是考官們那天喝多了酒，醉眼昏花，錄取時把我的名字給弄丟了。」溫彥博哈哈大笑，對杜如晦說：「你看，有人到這兒來告你兵部的狀了。」杜如晦從容說道：「年輕人，你考得也許是不錯，但別人考得更不錯哩，這次沒被錄取，下次再考嘛。」裴略一聽，要沒戲，他當然於心不忍，於是大聲說：「現在你們就可考我。我會寫詩作賦，不信，您出題試試？」

當裴略按照溫彥博的要求，脫口而出了一首以竹為題的詩詞後，溫彥博和杜如晦露出讚許的目光。可是，溫彥博心想：也許裴略曾經作過這個題目的詩，便決定換個題目，於是又指著屏風對裴略說：「你再以屏風為題做詩一首，好嗎？」

裴略隨即緩緩走到屏風前，口中吟道：

高下入九尺，東西六七步。

突兀當庭坐，幾許遮賢路。

就在裴略吟誦完後，他突然亮開嗓門大聲說：「當今聖明在上，大敞四門以待天下士人，君是何人竟在此妨賢？」話音剛落，伸出雙手「嘩」地一聲，將屏風推倒在地。

裴略語出驚人，行動更是出人意外。溫彥博笑著對杜如晦說：「你聽出來沒有？年輕人的弦外之音，是諷刺我溫彥博呢。」

　　裴略隨即一面比劃著自己的臂膀和肚皮，一面說：「不但刺膊（博），還刺肚（杜）呢。」溫彥博和杜如晦不覺被他的機敏逗得哈哈大笑。

　　正是由於裴略在關鍵時刻勇於表現自己，為自己贏得了可貴的時機。沒過幾天，裴略被朝廷授予陪戎校尉，這是武職中一個從九品的小官。官職雖小，但裴略畢竟是正式進入了仕途。

　　可以說，在中國歷史上，凡是取得成就的人物，都是大勇大智之人。他們既有異於常人的膽量和勇氣，更有高於常人的智謀和頭腦。因此，才卓然而立，令人仰望。

　　因此，要讓自己成為大智大勇之人，需要內外因結合起來。即便你天生懦弱，在後天的鍛鍊中也會變得勇敢起來。這其中重要的一點就是多參加社會活動，越是在人多的場合越要勇於表現自己，鍛鍊自己機敏的反應能力和應變能力。如此，大智大勇也是處事恰到好處，是真智慧的展現。

　　在工作中，要勇於挑戰一切看似不可能的困難，利用所有的智慧去解決問題。在天長日久的鍛鍊中，在戰勝困難的實踐中，你會發現自己會變得勇氣倍增，智慧過人。勇氣讓你的才能有用武之地，智慧助你不再是匹夫之勇，而是大智大勇。如此，勇敢和智慧的結合，就會讓你戰無不勝攻無不取！因為你敢先於天下人，因為你有先人一步發現時機、捕捉時機的一雙慧眼，自然可以最先採摘到成功的果實。

第九章 所謂勇者是能戰勝恐懼的人

敢把打擊踩在腳下

　　在追求成功的道路上，不可能不遇到打擊和磨難。但是，這些挫折是強者的進身之階，是弱者的無底深淵。如果你看重打擊，打擊就會把你壓倒。因此，那些走向成功的人都是勇於把打擊踩在腳下的。

　　眾所周知，張學友是香港著名歌星，是四大天王之一，可有幾個人知道他艱辛的奮鬥歷程呢？

　　當時他沒有想過有一天會成為明星，成功也來得太快，這使得他沉溺在成功帶來的滿足感和優越感之中，逐漸變得放縱、狂傲、驕橫。結果他的唱片銷量直線下降。原本舞臺上「學友」、「學友」的歡呼，現在成了粗言穢語；原來的鮮花熱吻現在成了陣陣噓聲。

　　開始，張學友接受不了這殘酷的事實，只是一味逃避，酗酒、罵人、鬧事……甚至還想過自殺。

　　如果天生懦弱，自殺恐怕是他最終的抉擇。可是，他骨子裡有一種不肯服輸、勇於一拼的性格。雖然，他知道娛樂圈「一沉百踩」的事實，也知道要東山再起所必需的艱辛，但他決意一拼！他全力以赴，付出了不為圈外人所知的艱辛，他努力唱出自己的風格，努力去研究失敗的原因，勇敢應對各種刁難和挫折……

　　沮喪的日子持續了兩三年後，他東山再起，輝煌逐漸又

回到了他的身邊。

後來，當張學友總結經驗說：「壓力和挫折沒有人可以避免，重要的是要勇敢面對失敗，重新振作。當你決定要面對挫折和困難時，原來並不是沒有出路的！」

我們每個人的生活中都會遇到挫折和打擊。例如：認真準備考試，卻沒有得到理想的成績；以誠待人，卻換來嘲諷的目光……這些困難都會給我們造成挫折感。面對這些挫折，也許有人會難過、會失落、會哭泣。如果人們遭遇打擊，很多人會選擇畏懼失敗而退縮，因此一蹶不振，更不用說那些曾經耀眼的明星。在他們看來，曾經的一起榮耀都不會再來，更無法承受這種打擊。在娛樂圈，因為無法接受生活的打擊而灰心喪氣甚至自殺的人們並不陌生。

但是，人生從來不會給軟弱的心靈讓座。是逃避，還是奮起靠自己選擇。面對打擊，越是逃避，越難以解脫，放棄奮鬥必將一事無成。既然打擊不可避免，那麼，看著打擊打擊感會更重。因此，遇到打擊的時候，不要畏懼。張學友勇敢地接受了，而且有勇氣地改變自己的弱點，重新找回丟失的自己。這種勇氣值得那些遭遇打擊灰心喪氣的人們好好學習。

打擊也是磨難，勇敢面對，有利於我們磨練意志，增長才幹和智慧，使人保持清醒。只有勇於面對它，掌握和運用正確的辦法，才能逐漸走向成功。

第九章　所謂勇者是能戰勝恐懼的人

　　人生不是百米賽跑，而是一輩子的馬拉松，走出多少距離是我們自己來選擇的。只要能夠勇敢面對打擊，承受住打擊，短暫的人生會變得堅韌而有張力。就會擁有未來，就會創造生命的奇蹟！

第十章
衝動是釀造苦酒的酵母

第十章　衝動是釀造苦酒的酵母

有一句流傳很深廣的話，叫「衝動是魔鬼」。無數個令人扼腕嘆息的悲劇一再向人們詮釋了這句話，我們自己也多少有些親身體會。幾乎在所有與悔恨有關的往事當中都會找到衝動的影子。因為衝動，有人錯上賊船；因為衝動，有人痛失戀人；因為衝動，有人鋌而走險……不少家庭不幸、工作不順、人際關係緊張等問題，都源於人的衝動。衝動後果慘痛，而且其慘痛指數與衝動指數基本成正比。

衝動使人做出荒唐事

衝動行為多是心理發育不健全和不成熟的表現，在成人身上多表現出向外攻擊、魯莽和盲動性，帶有顯著的情緒色彩，常因一點小事而使心情變壞。衝動在兒童身上更是普遍存在，其表現是頂撞教師和長輩、損害公物或他人物品、惡作劇等。

偶爾的衝動是可以理解的。心理學家指出，能給人帶來益處的衝動具有實用價值，但是，如果理性控制很薄弱，行為具有挑釁性等。這種衝動就是病態的，就是人性的一種弱點。其特徵常常表現為：不能控制或不適當的發怒，易與他人發生爭吵或衝突，特別是行為受阻或受批評時；情緒變化反覆無常，不可預測，尤其易暴發憤怒和暴力行為；強烈而不穩定的人際關係，要嘛與人關係極好，要嘛極壞，幾乎沒有長久的朋友；有自傷行為等。

培根曾經說：「衝動就像地雷，碰到任何東西都一同毀滅。」這些衝動行為本身往往是損人又不利己的。

近年來，因衝動而導致暴力行為的事件已經成為不可忽視的一大社會問題。家庭暴力、虐待兒童以及一時興起導致的打架鬥毆和凶殺、吸毒甚至自殺事件等，都是人們對衝動缺乏有效控制的表現。

例如，一位中年男性，只要一發脾氣，家中就會變得一片狼藉，老婆不但挨他打，而且手臂和腿上到處他用棍棒打傷後留下的傷痕。

在所有導致嚴重後果的衝動中，對社會、對自己危害最大的莫如「衝動殺人」。一位資深警官在談及衝動殺人時說：「幾乎有三分之二的命案都是衝動犯罪，這些犯罪一般沒有預謀過程，行為人只是在強烈而短暫的衝動下心理失衡，而實施暴發性、衝動性犯罪。想教訓一下對方結果失手殺人。」

為什麼一個人衝動起來，會做出一些在正常情況下難以想像的荒唐事？醫學專家認為：人在衝動時，體內的各個臟器與組織極度興奮，會消耗血液中的大量氧氣，造成大腦缺氧，為了補充大腦所需要的氧氣，大量血液湧向大腦，使腦血管的壓力激增。在大腦缺氧以及腦血管壓力劇增的情形下，人的思維會變得簡單粗暴。心理學家則認為：當一個人衝動時，全部的注意力都集中在導致他衝動的這一件事情

第十章　衝動是釀造苦酒的酵母

上，對於其他後果之類的問題根本就沒有時間與空間去考慮。

因此，人們說：衝動的人是在和魔鬼做一筆非常不划算的交易。在交易前，魔鬼告訴人：如果你購買了「衝動」，你就可以做你想做的任何事情，你可以透過衝動，使自己的情緒得到痛快發洩，但是，衝動這個魔鬼也會把你帶向地獄。即便是天使，一旦與衝動結緣，也會變成魔鬼。

自制方能制人

如果我們將衝動比作一匹脫韁撒野的烈馬，那麼自制力就是能夠有效制服這匹烈馬的韁繩。所謂自制力，書面的定義是指一個人在意志行動中善於控制自己的情緒，約束自己的言行。而通俗地說，自制力指的就是自我控制的能力。

沒有自由，人如同籠裡的鳥，即使是黃金做的籠子，也斷無快樂幸福可言。但在追求自由的路人，別忘了「自制」這個詞。沒有自制，必受他制：自由來自於自制。

例如：每個人都有享受美食的自由，可是當這種自由因為無限濫用而失去控制時，自由就會被肥胖以及由此帶來的一系列疾病所束縛。節食減肥或被肥胖困擾，就是在享受這種自由後不得不付出的代價。

抽菸、喝酒也一樣。當做不到自制地享受這些自由時，那無疑是在作繭自縛，並有可能從此被剝奪享受這些自由的

權利。更極端的是，一些不知自制或不能自制的人，見色起心或見財生念，一時衝動做出違背刑律的荒唐事，將自己送入囹圄，徹底告別自由。

　　一個人必須先控制住自己，才能控制別人。自制不僅僅是人的一種美德，在一個人成就事業的過程中，自制也可助其一臂之力。

從點滴小事中培養自制力

　　人最難戰勝的是自己。換句話說，一個人成功的最大障礙不是來自於外界，而是自身。就培養自制力來說，從小處做起，從細節下手，無疑是循序漸進地改造自己的最佳方式。

　　如果你今天早上計劃做某件事，但因昨晚休息得太晚而睏倦，你是否會義無反顧地披衣下床？

　　如果你要遠行，但身體乏力，你是否要停止遠行的計劃？

　　如果你正在做的一件事遇到了極大的、難以克服的困難，你是繼續做呢，還是停下來等等看？

　　對諸如此類的問題，若在紙上作答，答案一目瞭然，但若放在現實中，自己去拷問自己，恐怕也就不會回答得這麼俐落了。事實是，有那麼多的人在生活、工作中遇到了難

第十章　衝動是釀造苦酒的酵母

題，都被打趴下了。他們不是不會簡單地回答這些問題，而是缺乏自制力，難以控制自己。

要擁有非凡的自制力，並非看幾本書，發幾個誓就能立刻見效。九尺之臺，起於壘土。透過一件又一件的小事來鍛鍊自己的自制力，是提升自己自制力的一個切實可行的方法。

西元 1976 年，曾連續二十年保持美國首富地位的「石油大王」，象徵石油財富和權力的保羅·蓋蒂（J. Paul Getty）去世，留下巨額遺產，按照他的遺囑，將 20 多億的遺產中的 13 億美元交給「保羅·蓋蒂基金會」。

保羅·蓋蒂曾不止一次地對他的子女們說：一個人能否掌握自己的命運，完全依賴於自我控制力。如果一個人能夠控制自己，他就不必總是按喜歡的方式做事，他就可以按需要的方式做事。這正是人生成功的要點。

按現在的話說，保羅·蓋蒂是個標準的「富二代」，他年輕時不愛讀書到處鬼混。有一次，他開著車在法國的鄉村疾馳，直到夜深了，天下起大雨，他才在一個小城鎮找一家旅館住下來。

他倒在床上準備睡覺時，忽然想抽一支菸。取出菸盒，不料裡面卻是空的。由於沒有煙，他就更想抽菸了。他索性從床上爬起來，在衣服裡、旅行包裡仔細搜尋，希望能找到一支不小心遺漏的菸。但他什麼也沒有找到。

他決定出去買菸。在這個小城鎮，居民沒有過夜生活的

習慣，商店早就關門了。他唯一能買到菸的地方是遠在幾公里之外的火車站：當他穿上雨鞋、披上雨衣，準備出門時，心裡忽然冒出一個念頭：「難道我瘋了嗎？居然想在半夜三更，離開舒適的被窩，冒著傾盆大雨，走好幾公里路，目的只是為了一支小小的菸，真是太荒唐了！」

他站在門口，默默思考著這個近乎失去理智的舉動。他想，如果自己如此缺少自制力，能做什麼大事？

他決定不去買菸，重新換上睡衣，躺回被窩裡。

這天晚上，他被菸癮折磨得沒有睡好。早上醒來時，他決定徹底戒菸。從這天開始，他再也沒有抽過菸。

而對於保羅·蓋蒂來說，戒菸的真正意義不在於戒菸本身，而在於戒菸成功後對自己意志與自制力的磨練與提升。點滴小事，若能有所警醒，和惰性和慣性作一些鬥爭並最終取勝，對於自己自制力的提升會有莫大的幫助。

暴怒是衝動的前奏

據說哲學家蘇格拉底（Socrates）的妻子是個悍婦。有一次，蘇格拉底正在和學生們討論學術問題，他的妻子氣沖沖地跑進來，把蘇格拉底大罵了一頓之後，又出外提來一桶水，猛地潑到蘇格拉底身上。蘇格拉底摸了摸渾身溼透的衣服，風趣地說：「我知道，打雷以後，必定會下大雨的。」

法國著名的女作家喬治·桑（George Sand）說：「暴怒

第十章　衝動是釀造苦酒的酵母

能使小過變成大禍，有理變成無理。」林則徐（清朝後期思想家）將「制怒」做為自己的座右銘，時時告誡自己不要因為憤怒而失去理智，以免一時衝動，鑄成大錯。

暴怒往往是一個人衝動的前奏。如果說一個人的暴怒是「打雷」的話，那麼緊接著的很可能是實實在在的衝動行為──「下大雨」。也就是說：如果一個人能減少暴怒的次數，也就能相應地減少衝動的次數。

對於「制怒」，可能會有讀者苦惱而又無奈地說：我也想制怒啊，可是我生來就是脾氣大，沒辦法。我們通常可以看到在處理憤怒情緒時，會有兩種極端的方式。一種是「堵住」它，不承認或者不表露，把這些憤怒的情緒積壓在內心，讓它轉變為憂鬱。可怕的是，這種內向憤怒的方式，其所造成的危害性往往是很大的。

另一種極端是「過激反應」，就是用叫嚷、咆哮和打罵等方式表達不可控制的憤怒。這種反應往往來得迅速，讓人猝不及防。而且，只會把事情變得更糟。如果你還想修復你們的關係，那麼學會控制你的憤怒是極有必要的。

下面教你幾個切實可行的有效控制憤怒的方法：

- **數數**：一個老辦法就是你在發火前，先從 1 數到 10。這個辦法很有效，它主要是為你延長憤怒爆發前的時間，而讓你意識到及早遏止。

◆ **分散注意力**：做一些能分散你注意力的事情。比如洗澡、聽音樂、看電影、喝杯帶著清香的花茶等，都是不錯的方式。在預感憤怒爆發之前，試著讓自己安靜下來。

◆ **運動**：你還可以進行一些非競技性的運動，比如慢跑、游泳或者有氧健身等，在分泌汗液的同時把你的憤怒排出體外。

◆ **深呼吸**：試著做一下深呼吸，深呼吸有助於產生自然的放鬆反應。這是由於呼氣導致的，當你呼氣時，你的肌肉通常會隨之放鬆。而伴之放鬆的，還有你的憤怒。

◆ **沉思**：這是另一種使自己平靜的方式，在深呼吸的同時，把自己沉浸在某種優美的感受中，緩解激烈的情緒，讓心靈努力達到平和寧靜。

◆ **說服自己**：有個叫艾倫·奎克（Alan Wray Tudyk）的美國博士，發明了一種叫做「換個角度」法的控制憤怒的方法。它要求你在生氣時，對自己說一句話，以便說服自己放棄憤怒。

要想有效地控制住你的憤怒，你首先必須找出是你的哪些想法導致了你的憤怒。因為憤怒是由你自己的想法所維持的，所以改變你的想法就可以從根源上減緩你的憤怒。

另外，千萬不要認為把憤怒說出來就可以擺脫它，甚至有助於排解情緒。事實上，對於憤怒所做的調查表明，當人

們發洩出他們的憤怒時，他們不是變得心平氣和，而是更加生氣了。當你用叫嚷、摔東西、咒罵等方式來發洩你鬱積的憤怒時，也許反而刺激你更具侵略性的傾向。並且，很有可能會激怒他，招致他的報復。所以，緩解憤怒，也是你對自己的一種保護。

偏激的人應如何改變

偏激是指思想、主張、言論等過火，有失平穩等。一般來說，衝動的人，他們的行為常常會表現出異於常人的偏激。

偏激表現為以下三個方面：

* **認識上的片面性**：偏激的人常以絕對的、片面的眼光看問題，並且容易一意孤行，鑽牛角尖，對人家善意的規勸和平等商討一概不聽不理。

* **情緒上的衝動性**：偏激在情緒上的表現是按照個人的好惡和一時的心血來潮去論人論事，缺乏理性的態度和客觀的標準。正是因為這種情緒上的盲動性，因此常常易受他人的暗示和引誘，而他們自己卻不明所以。這一點表現明顯的就是青少年，特別是那些離家出走的青少年，常常是在衝動的情緒下受人引誘而做出的偏激的行為。

* **行為上的莽撞性**：偏激在行動上的表現是莽撞從事，不顧後果。偏激的人從來不考慮自己的行為會為他人、為

家庭帶來什麼影響，只是考慮要發洩自己的情緒。

以上三個方面，不論符合哪一方面，都是偏激的表現。

性格和情緒上的偏激，是做人處世的一個不可小覷的缺陷。性格和情緒上的偏激是一種心理疾病。偏激的人，既不能正確地對待自己，也不能正確地對待別人。在處理重大問題上，意氣用事，我行我素，主觀武斷。這樣的人，做事業、搞工作，成事不足，敗事有餘，在社會上恐怕也很難與別人和睦相處。

因此，可以說，偏激將與世界為敵。

那麼，為什麼這些人會有偏激行為呢？

一般來說，成人偏激行為的產生源於知識上的極端貧乏，見識上的孤陋寡聞、社交上的自我封閉意識、思維上的主觀唯心主義等等原因而引起。有些地處偏僻地區，自卑感嚴重的人也容易做出偏激的行為，來維護自己脆弱的自尊心。

而那些有偏激行為的兒童，多是與家長的專制或者脾氣暴躁有關。如果兒童在家庭中常遭打罵，心理受到壓抑，往往也會選擇較為激烈的行為來發洩積怨。

因為偏激嚴重影響自己的身心健康，影響為人處世的順利，影響家庭的幸福，因此，有這些人性弱點的人要注意改變自己的偏激行為，為自己的心靈注射一針清醒劑。

第十章　衝動是釀造苦酒的酵母

- **理性分析問題**：人們做出偏激的事情往往是由於不理智而引起。因此，改變偏激的方法之一是使用邏輯性和合理性，用理性來提醒自己。培養辯證思維能力，全面、靈活、完整地評價事物，冷靜、客觀地看待問題。如果你能認識到不是整個世界或他人在作弄你，也有益於克服自己思維的狹隘性、盲目性和固執己見的弱點。

- **豐富知識，拓寬視野**：有偏激行為的人首先需要豐富自己的知識，增長自己的閱歷，同時，要多參加有益的社交活動。在視野拓寬的同時也可以培養自己豁達的心胸，凡事拿得起放得下。

- **協調溝通**：遇到事情盡量多找辦法，與人協調溝通，避免誤會，弄明白問題的真相後相信也不會做出過於偏激的行為。此外，還要有效地增強自我控制能力，說話不放縱、遷就自己。這樣，才能有效地克服這種「一葉障目，不見泰山」的偏激心理。

- **不置人於死地**：當然，克服偏激行為也需要周圍環境的幫助。假如你身邊有行為偏激的人，要想不被他們所傷害，需要給他們留有餘地，不逼人於死地。

在康百萬莊園裡，珍藏著一塊名為「留餘」的匾額，引用的是南宋王伯大的四句座右銘。康家的前輩以此來教育子孫，凡事都要留有餘地，人生在世，不要把福祿壽財都享盡

240

占盡，把它留給需要它的人。接著，該區又引用明朝進士離景逸的兩句話：「臨事讓人一步，自有餘地，臨財故寬一分，自有餘味。」最後又總結道：「若輩之昌家之道乎？留餘忌盡而已。」

俗話說：狗急了會跳牆，兔子急了會咬人。很多時候，人若能生存時定會求生，不會提著自家腦袋來拚命；倘若連他最後一條路也斷了，那麼，他一定會絕地反擊，很容易做出極端的反抗。這樣一來，事情的結果對彼此都沒有好處。因此，無論在什麼情況下，都不要把別人逼向絕路，特別是那些行為偏激的人，更不要把他們置於死地。給別人留餘地同時也是給自己留餘地，以便機動靈活地解決複雜多變的社會問題。

如果發現有人試圖做出偏激的行為時，要想辦法疏導他們的情緒，引導他們找到解決問題的正確辦法。

相信，在主客觀共同的作用下，有偏激行為的人會有效地克服自己的弱點。

心平氣和才能解決問題

憤怒和衝動是因為他人詆毀或者故意歪曲是非而引起。那麼，越是這種時刻，越需要冷靜，平心靜氣。因為憤怒和衝動解決不了任何問題，相反還會傷害身體。同時也會給不懷好意的人可趁之機。

第十章　衝動是釀造苦酒的酵母

　　汽車大王亨利・福特（Henry Ford）還是一個汽車維修工時，有一次剛領了薪水，興致勃勃地到一家高級餐廳吃飯。卻不料，呆坐了差不多 15 分鐘，卻沒有半個服務生過來招呼他。

　　最後，等餐廳的其他客人都被安置好後，一個服務生才勉強走到他桌邊，不耐煩地將菜單粗魯地丟到他的桌上，問他是不是要點菜。

　　亨利・福特剛打開菜單看了幾行，耳邊傳來服務生輕蔑的語氣：「菜單不用看得太詳細，你只適合看右邊的部分（意指價格），左邊的部分（意指菜色），你就不必費神去看了！」

　　亨利・福特驚愕地抬起頭來，目光正好迎接到服務生滿是不屑的表情，很清楚地表示：我就知道，你這窮小子，也只不過吃得起漢堡。年輕的亨利・福特頓時怒氣沖天，一股不可遏制的衝動支配著他，他真想揮拳向這個服務生打去。但一轉念之間，又想起口袋中那一點點可憐微薄的薪水和因此可能要付出失去工作的代價，因此，不得已，只點了一個漢堡。

　　當時，雖然可以向餐廳投訴這個服務生，但是亨利・福特沒有那樣做，他冷靜下來，仔細思考，為什麼自己不能點真正想吃的大餐呢？不就是因為貧窮嗎？因此亨利・福特當下立志，要成為社會中頂尖的人物，從根本上改變自己的命運。

　　之後，亨利・福特開始向著自己的夢想前進。最終，他由一個平凡的修車工人成為叱吒風雲的汽車大王。

　　社會中，每個人遇到不公平的事情時首先想到的就是發怒，發怒固然可以使自己的情緒得以發洩，但是，可能改變不了任何問題。即便那些惹你生氣的人也只是表面屈服於你的怒氣，內心並不佩服。因此，正確的辦法是心平氣和，不和他人一般見識；之後，靜下心來考慮讓你發怒的原因是什麼，並且把這些怒氣昇華為鼓勵自己奮鬥的動力。

　　如果想具有不急不躁、心平氣和的良好的心態，就要從日常生活中著手，從小事和細節方面注意改變自己。比如，與家人、親戚、朋友、同事在個人關係處理方面，要注意大度，不苛求他人。特別是在自己心情鬱悶時尤要注意，不能率性而為、不加掩飾、直來直往。另外，聽人說話時，一定要等到對方把話說完。哪怕是激烈的言詞，也要耐著性子把別人的話聽完。否則，關鍵的話沒有聽到，就對某一件事情匆忙下結論，是非常有害的。這不僅是一種禮貌，更對自己作出決定有好處。

　　無論何時，保持平靜的心去與人相處總是有益處的。能做到喜怒哀樂不形於色，既不會得罪他人也有利於保護自己。而且，越是遇到挫折和困難時，越需要盡量保持平和心態，不是生氣，而是爭氣，這樣才能維護自身尊嚴，保持高貴人格。

　　能夠心平氣和地看待問題，不僅可以有利於改變自己衝動的弱點，而且，你會發現即便自己處在錯綜複雜的社會中，也會感覺到做人做事遊刃有餘。

第十章　衝動是釀造苦酒的酵母

面對惡意詆毀貴在泰然處之

　　明代人屠隆在《婆羅館清言》中說過一段睿智的話，用現在的白話「翻譯」過來意思是：「一個人要實現自己的理想，要找到真理，縱然歷經千難萬險，也不要後退。奮鬥的過程中，要用堅強的意志來支撐自己，忍受一切可能遇到的屈辱，只要堅持下去，就能取得成功。艱難羞辱不但損害不了你的人格，還會使人們真正了解你的偉大。重要的是，在遭遇苦難侮辱時，把這一切都拋諸腦後，得到清爽的心情。」

　　屠隆的話告誡我們，當面臨惡意詆毀時，你的態度應該是置之不理。有些人對那些無中生有的誣衊表現得異常激憤，反唇相譏甚至大打出手，其實那都是沒有必要的。如果換一種角度來看，那些遭人詆毀的人反倒應覺得慶幸，因為正是你極具重要性，別人才會去關注、去議論、去誣衊。所以不要理會這些無聊的人，事實自會讓流言不攻自破。

　　美國曾有一位年輕人，出身寒微，依靠自己的努力，在30歲時當上了全美有名的芝加哥大學的校長。這時各種攻擊落到他的頭上。有人對他的父親說：「看到報紙對你兒子的批評了嗎？真令人震驚。」他父親說：「我看見了，真是尖酸刻薄。但請記住，沒有人會踢一隻死狗的。」

　　美國著名教育家卡內基很讚美這句話，他說：「沒錯，而且越是具有重要性的『狗』，人們踢起來越感到心滿意足。

所以，當別人踢你、惡意地詆毀你時，那是因為他們想借此來提高自己的重要性。當你遭到詆毀時，通常意味著你已經獲得成功，並且深受別人注意。」

詆毀、誣衊與攻擊通常是變相的恭維，因為沒有人會踢一隻死狗。只有掛滿果實的樹才會招來石塊，也是這個道理。

美國獨立運動的奠基者、美國第一任總統華盛頓（George Washington），也曾被人罵為「偽善者」、「騙子」、「比殺人凶手稍微好一點的人」。對於這些誣衊，華盛頓毫不在意，事實證明他是美國歷史上最具影響力的人物。

一個人若想堅持真理，想比別人做得更好一些時，遭到某些人的惡意攻擊是不可避免的。對這一點，我們要有足夠的思想準備，我們不能避免這種攻擊，但我們能避免這種攻擊干擾我們的心態。

一次法國作家小仲馬（Alexandre Dumas fils）的朋友對他說：「我在外面聽到許多不利於你父親大仲馬的傳言。」

小仲馬擺出一副無所謂的樣子回答：「這種事情不必去管它。我的父親很偉大，就像是一條波濤洶湧的大江。你想想看，如果有人對著江水小便，那根本無傷大雅，不是嗎？」

聽到別人的流言飛語，再三客觀地分析、判斷之後，只要認為自己的做法合理。站得住腳，那麼大可以堅持到底，不必理會。

第十章　衝動是釀造苦酒的酵母

　　美國前總統羅斯福（Franklin D. Roosevelt）的夫人艾麗諾（Eleanor Roosevelt）曾受到許多批評，但她都能夠泰然處之。她說：「避免別人攻擊的唯一方法就是，你得像一隻有價值的精美的瓷器，有風度地靜立在架子上。」

能容人處且容人

　　每個人的成長都離不開氣量和肚量的擴展。還不僅關係到人們常規的日常生活情趣和情緒，還關係到人與社會、人與自然及人與人之間的和諧相處。

　　一般來說，氣量狹小、心胸狹隘的人容易憤怒和衝動。而仇恨與敵意如同一面不斷增長的牆，阻礙自己的成長。因此，要改變自己的弱點，需要拓寬肚量和氣量。

　　有關實驗表明，寬容有利於身心健康，消除仇恨、發怒等不良情緒。此外，美國史丹佛大學（Leland Stanford Junior University）曾經做過《史丹佛寬容計劃》，透過實驗發現，所有參加計劃的人中，有70%的人受傷害感明顯降低，20.3%的人表示因怨恨帶來的身體不適症也有所減輕。

　　一位青年男子到禮品店選購禮物，他眉宇之間還有一股怨氣，似乎剛剛經歷了一場重大的人生變故。從這位青年男子走進店裡的那一刻，禮品店老闆就注意到了他。

　　突然，那位青年男子憂鬱的眼神變得明亮起來，原來他

正盯著一隻碧綠的水晶烏龜發呆。看到這種情形，禮品店老闆走上前禮貌地問道：「請問您想要為什麼人選購禮物？」青年男子憤憤地回答說：「我要為一對新婚夫婦準備一份令他們銘記終生的禮物。」接著，這位青年男子又說道：「請幫我把這個小烏龜包裝好。」

禮品店老闆可以預料到，當那對新婚夫婦收到這樣一份禮物時，會是多麼傷心。可是老闆並沒有再多說話，只是把禮物包好。於是，那位男子拿著禮物匆匆離開了。

第二天，青年男子將禮物送給了那對新婚夫婦 —— 女方曾經是自己的戀人，而男方則是自己最要好的朋友。可是，第二天早上，他竟收到了這樣的電話，說感謝他的寬容和大度，他們因為有這樣一位朋友而感到自豪。

原來，禮品店老闆將那只烏龜換成了一對鴛鴦，無聲地提醒青年男子要心存寬容。

有人的地方就有江湖，有江湖的地方就有爭鬥。

生活中，同行相爭，同類相捺，這是誰也不願看到而誰也無法否定的事實。至於戀人分手，妻子背叛、朋友反目為仇等之類，更是令人憤怒，難以抑制衝動的情緒。如果不懂得寬容，那麼你就難免要處處樹敵，寸步難行。

其實，大千世界，每個人都有不同的活法，每個人都有每個人的選擇，何必用自己的人生觀去套在所有人的人生方

第十章 衝動是釀造苦酒的酵母

式呢？既然苦苦追求也得不到，又何必苦苦強留？就像海有海的滋味，山有山的風格一樣，你實在沒有必要按照自己的意願去改變他人，即便有人製造流言蜚語，對我們進行詆毀、諷刺，甚至當面惡語相加，即便是那些令人煩惱的事情發生了，也沒有必要因此而大動肝火。想一下，你衝動、你憤怒又有何益處？

人生是一次旅行，相逢了，打個招呼；分手了，道一聲祝福。以一顆愛心包容人生，人生才有滋有味。

能容人處且容人寬容是一種優雅的風度，是一種優良的品性。俗話說宰相肚裡能撐船，一個人的胸懷與心海要容得下社會上所有的事物和所有的人，要仁慈待人、寬厚待人。寬容不僅是高尚者所具備的修養，更是一種處世的原則。寬容別人就是在寬容我們自己，我們在寬容別人的同時，也為自己營造了和諧的氛圍，為心靈留下一點舒緩的空間。

只有把自己一個人的小氣量和肚量建設好，才能融入於社會的大氣量和大肚量。一旦克服了自己內心的憤怒和不滿，即便曾經由於無知犯下了嚴重的錯誤，我們也能夠在幡然悔悟過後繼續微笑著面對人生。

當人們以這樣一種風度去面對環境的喧擾、對手的誹謗和生命的缺憾時，我們就能獲得心靈的豁朗與寧靜。用一顆充滿寬容和理解的心去重新看待生活，那我們就會發現，人生原來如此美麗，生活可以這樣美好。

第十一章
克服自大，低調處世

第十一章　克服自大，低調處世

　　擁有大智慧的人，往往不是那些在什麼場合都過於激進地表現自己的人，他們知道「水滿則溢，月盈則虧」。他們不會依仗自己的聰明頭腦去愚弄和欺騙別人，更不會自以為是、不思進取。相反，他們會抓住一切機會去向他人學習，不斷地充實和提高自己，

　　這一點，如果人人都懂，便可進行自我控制，你必定左右逢源，事業也會風生水起，心隨己願。

從南懷瑾停課說起

　　如果讓那些自大的人隱藏鋒芒、低調處世，他們會感覺豈不是太委屈自己了。既然人們認可我的能力和本事，為什麼要夾起尾巴做人？殊不知，「木秀於林風必摧之」。既然風要催毀你，何不彎曲一下保護自己的實力呢？那樣才能有利於自己聰明才智的發揮。

　　西元 1970 年代，南懷瑾曾受聘於輔仁大學，開設《易經》課程，很受學生歡迎。他講課時，不但教室裡坐滿了人，窗子外面還擠著不少人。令人意想不到的是，一年之後，他竟然主動把課停掉。有人問他何故，他的解釋是：「正因為課程太受學生歡迎，所以不能講了。」別人覺得簡直不可思議，講得好還有停課的道理？學生也紛紛質疑。

　　事實證明，南懷瑾的擔憂是不無道理的。

　　當時，南懷瑾有位學生在一所師範大學任教，他曾常向

本校一位教授提議，何不聘請南先生來師範大學講課？當時，這位教授半開玩笑地回答說：「如果請南先生來，我們這些老師到哪裡討飯吃呀？」因為，南懷瑾教孔孟學說，是一流的教授；講道家的學術也很精通；講禪宗，那更是他的老本行。與之相比，其他教授講的課就顯得很受冷落。因此，其他教授怎能心理平衡？知識分子本來就十分看重名譽，更不用說是高級知識分子？

因此，南懷瑾認識到這一點，才辭去輔仁大學教授的職務。以後，再有大學邀請，他也只接受研究所的約聘，指導幾個博士生。如此，協調了和同事們的關係。

不可否認，做事業人人都喜歡有能力的人，可是有能力的人在處世方面需要處處小心。特別是在能力、財力、勢力上都明顯優於對方時，不能「得理不讓人」，把功勞歸己，把錯誤歸於他人──這是缺乏德行修養的人最容易犯的毛病之一。這樣的人自然不可能會有深謀遠慮的智慧。

我們知道，無論從事哪種行業，難免有功有過。一個團體中如果人人爭功諉過，就不會和諧，無法發展。因此，做人要能功成不居，隱藏鋒芒，才能夠更好地發光；低調行事，才能夠更好地處世。

當然，要學會低調處世首先要提升自己的修養，有一顆寬容大度的心態。，用平和的心態來看待自己所取得的一切，得意時也不會忘乎所以，那樣才能和人們和諧相處。在

第十一章　克服自大，低調處世

這方面，曹操就很懂得用處世低調來拉攏人心的藝術。

三國時期，曹操為了統一北方，決定北上，征服塞外的烏桓。

這一舉動十分危險，許多將將領紛紛勸阻，但曹操還是執意率軍出戰。結果，大獲全勝。這下，曾經對北伐提出反對意見的人一個個都大驚失色，以為這回曹操要嚴懲自己了。因為實踐證明，自己的意見是不正確的。

不料，曹操卻一一給予他們獎賞。既然是錯誤的建議，怎麼反而得到賞賜呢？

曹操謙虛地說：「北伐之戰，雖然僥倖打勝了，但當時確實是十分冒險的舉動。因此，並不能證明我是怎樣英明，而是天意幫了忙。各位當時勇於勸阻，確是出於萬全之計，所以我希望大家以後要勇於發表不同意見。」

那些人聽了曹操的話，一顆顆吊著的心才落了地。當然，對於曹操這種「勝不驕」的低調的態度更是感激涕零，從此也更加盡心盡力地為他效勞了。

人的一生不僅是自我奮鬥的過程，也是與人相處，合作的過程。因此，處世做人不能太強勢，處處總想表現自己，特別是在自己取得成功時，不妨學學曹操這種巧妙的「低調處世」哲學。尤其是官場或者職場上的人士，更應該學學這種「老二哲學」或「綠葉哲學」。

比如，在職場中，同事費了很多心力也解絕不了的問題，長官指定讓你上。即便這個問題是你能夠輕鬆解決的，也不要三下五除二地馬上就解決。這樣，你的行為就會傷害到同事在上級心中的地位，也會傷害同事的自尊。此時，你上場之後可假裝很艱難地解決問題，而且還應該就某些你本來就知道的問題向同事「求教」，最後，在雙方的「共同」智慧下，問題圓滿地解決。這個折衷的方法，既解決了問題，也適當地表現了自己，還沒有得罪同事。在這些特殊的場合和情境下，如果你懂得降低自己的身分，給他人露臉的機會。他人也會感激你的。

道家認為：為人處世，當進則進，當退則退，當高別高。低調處世就是要我們虛懷若谷，讓胸懷像山谷那樣空闊深廣，這樣就能吸收無盡的知識，容納各種有益的意見，從而使自己豐富起來。修練到此種境界，既可以讓人在卑微時安貧樂道，豁達大度，也可以讓人在顯赫時持盈若虧，不驕不狂，為人便能善始善終。

自大自滿討人厭

「春風得意馬蹄急，一日看盡長安花」，事業有成，人生得意，心情之好自然不可言狀。於是，當一個人做出了一定的成就，周圍的人就會向他們贈送很多讚譽和掌聲。當這一

第十一章　克服自大，低調處世

切給的多了，他們自己也會飄飄然起來，慢慢的形成一種驕傲的感覺。看，我多亮麗，我多了不起……長久以往，這種唯我獨尊的現象，就是驕傲自大。這種現象在心理上稱之為「自己顯示型」或「自我擴張型」的人。

生活中總能看見目空一切、傲視群雄、盲目自大的人，他們得意於自己的優勢以及獲得的小成功，總是誇誇其談，到處炫耀，絲毫不顧及他人的感受，因此常常會招人反感。

在某商場市場部，小杜可是個漂亮而能幹的女孩子，而且家庭條件好，衣著款式新潮，穿戴的都是名牌。小杜漫不經心報出來的服裝價格總會換來同事們的一陣驚嘆。

小杜並非只是花瓶，她對待客戶也有兩把刷子，再刁鑽難纏的客戶也會被她的手腕征服，因此，深得經理的賞識。每次市場部有重大活動時，經理都會讓小杜去裝點門面。不久，小杜就成了公司一顆耀眼的新星，無論走到哪兒都備受關注。小杜因此心高氣傲，連走路都像小公雞一樣不肯低下眼皮。

這樣一來，公司裡，不光元老們就連那些和小杜一起來的新員工都感到不是滋味。

這天，小杜需要加班，匆匆吃完飯又返回辦公室。路過其他部門，她聽到有人在議論：「這年月，美麗是多大的本錢啊！女人僅憑一張漂亮的臉蛋就可以得到想要的一切，比

起我們這些馬上打天下的人輕鬆多了！」

「是啊！英雄還難過美人關呢，何況普通人？你們這些醜小鴨趕緊美容去吧！」

小杜聽到這些諷刺挖苦的話語，感覺到危險正在像大網一樣籠罩著她。

在發現與同事關係明顯不和諧後，小杜把前前後後的問題梳理了一遍，找到了同事們疏遠她的原因。原來她高傲張揚的個性和剛參加工作希望表現一番的做法，給同事們帶來了壓力和失落，產生了不滿和妒忌。找到問題的根源後，小杜開始有意識地改變自己。不久，她和同事之間又恢復了以往的友好。

如果說初入社會的年輕人因為不諳世事往往會顯露自己的話，有些飽經人世滄桑的中老年人也會有這種自大自滿的現象。而且，如果這些人作為某個組織的領導人，那麼，他們的這種弱點也會表現在組織的經營發展中。

一個人或一個組織，有才能，做出了值得肯定的成績是好事，但如果總是自我陶醉就不是什麼好事了。如果總是迷戀自己的優勢，沉醉於自己優勢帶來的優越感中，沉浸在自己小小的成功之中，就會過於低估別人的智慧。而且，自大的人通常都比較淺薄，經不起別人的讚許，哪怕是一點點，也會自鳴得意自我膨脹起來。

第十一章　克服自大，低調處世

　　清朝著名的書畫家鄭板橋有首打油詩名為《詠茶壺》，是專門用來諷刺自大自滿的人的。詩的內容是：「嘴尖肚大柄兒高，暫免飢寒便自豪。量小不堪容大物，兩三寸水起波濤。」這幾句詩可謂入木三分，寥寥數筆就把自大自滿者刻畫得唯妙唯肖。

　　自大的人容易獨享榮耀，一旦有成績便居功自傲。如此，就會威脅到別人的生存空間，因為你的榮耀會讓別人變得黯淡，產生一種不安全感，必然會被同事厭棄。自大自滿者總會嘲笑別人不如自己，總喜歡指出別人的缺點，說人家這做得不合適，那也做得不夠，似乎他什麼都行，結果只會遭人厭惡。道理很簡單，你不相信別人有辦好事情的能力，別人也不會把你的能力放在眼裡。

　　那麼，這種自大心理是怎樣形成的呢？

- ◆ **認知偏差**：心理學家認為，這種自大心理是因為認知偏差造成的。有些人對認識和評價自我充滿濃厚的興趣和急迫感，總希望自己的形象在別人看來是肯定的、令人喜愛和有希望的。特別是有獨立意識、自尊心的年輕人。但他們的自我認識和評價的客觀性與正確性尚不夠，還存在一定程度的盲目性。因此，就容易造成盲目自大的現象。

◆ **與成長環境有關**：凡是自大者或者是家庭背景好，父母對他們的要求百依百順、事事以他為中心，或者是讀書時期成績好，踏入社會初期很順利，因而養成了一種不懂得遷就別人及完全不能容忍挫折的性格。表現在為人處世中就是常常不考慮別人的感受。以自我為中心，不懂得去迎合別人的需求。

◆ **自尊心強**：自大的人通常也是自尊心較強的人。甚至，為了保護自尊心，他們在挫折面前，也常常採取自我放大的方式，來獲得失落的心理補償。就像阿 Q 式的「我們先前可比你們闊多了。」

　　誠然，自以為是的人一般有出眾之處，可是，如果自我滿足，就無法完成從優秀到卓越的跨越。如果沉醉於過往和眼前成就、與生俱來的地位或財富的傲慢自信，其實是一種能力的潰瘍，就會盲目吞下「狂妄」的惡果。因此，希臘哲學家對「卓越」與「狂妄」有一個非常發人深省的觀念，他們相信每一個人都有責任把自己的潛能發揮得淋漓盡致；但同時，人的內心應有一把戒條，不能認為自己具有超越實際的能力，自我膨脹，那樣，就會被動地、不自覺地步往失敗之宿命。否則，在當前這種重視人際關係的社會環境中是難以立足的。

　　那麼，怎樣糾正自大心理呢？

第十一章　克服自大，低調處世

- **善於發現和學習他人的長處**：俗話說：「人外有人天外有天」。有自大心理的人，需要對自己做一番全新的評價和評估，要善於發現他人的長處和優點，虛心地取人之長，補己之短，那麼，就會將自己從「自以為是」的陷阱中拉出來，

- **接受批評**：自大自滿的人一般都是很自負的人，他們的致命弱點就是不願意改變自己的態度或接受別人的觀點。明知別人正確時，也不願意接受別人的觀點；反而總是將自己的觀點強加於人。因此，接受批評也是根治自大自滿的最佳辦法。

  接受批評並不是讓自大者完全服從於他人，只是要求他們能夠接受別人的正確觀點，透過接受別人的批評，改變自己唯我獨尊的形象。

- **與人平等相處**：自大者常常視自己為上帝，無論在觀念上還是行動上都無理地要求別人服從自己。因此，他們需要重新學習與人相處的藝術，以一個普通社會成員的身分與別人平等交往。

- **戒驕戒躁**：如果你經過努力取得了可喜的成績，沒有理由不得意。但是，千萬不要被勝利沖昏頭腦，得意忘形。歷史上已經有太多英雄打下江山後因得意忘形而又很快地丟失江山的前車之鑒，足夠成為那些自大者的當頭棒喝。

想一下，即便自己取得了一些成就，那也是在客觀環境比較順利的情況下取得的，而且一時的成功並不代表一世成功。因此，也沒有太得意的。如果只關注自己的成就，陶醉於自我滿足中，就會失去了進取的動力，也容易讓自己流於平庸。因此，要戒驕戒躁。

總之，自大自滿，是一種愚蠢的表現。它雖能導致傻瓜般的幸福感，讓人得一時之快，但實際上常常有損於名聲。本來應該繁花似錦的人生也會黯然失色。

「不滿足是向上的車輪。」因此，那些自大的人，不管什麼時候，也不管你獲取了多大的成就，你都要學會對自己說：「不滿足。」

過分張揚會招致災禍

凡是自大自滿的人都是自我感覺良好的人，也是愛四處張揚和炫耀的人。不是炫耀知識就是炫耀財富地位等。在他們看來，不炫耀怎能表現自己的優越感，不炫耀就如錦衣夜行，怎能贏得別人的羨慕？殊不知，過分炫耀會招致災禍，因為他們忘乎所以，聽不進不同的意見。

在下面這則寓言中，老鴕鳥就是自我感覺良好，因此，四處炫耀張揚，自以為是，聽不進不同意見。

沙漠裡，驕陽似火。一隻具有權威、態度嚴厲的鴕鳥正在向年輕的鴕鳥們講演：「我們比其他一切物種都優越。我們

第十一章　克服自大，低調處世

為羅馬人所知，或者確切地說，羅馬人為我們所知。」老鴕鳥繼續說，「我們是世界上最大的鳥，因此也是最好的鳥。」

所有的小鴕鳥都大叫起來：「說得好！說得好！」但只有富有思想的鴕鳥奧利弗沒有歡呼。「我們不能像蜂鳥那樣向後飛。」它大聲提醒道。

「蜂鳥向後飛是撤退，」老鴕鳥不容置疑地打斷它的話，「我們是萬能的，我們絕不撤退！我們的選擇是勇往直前，永遠向前進，」

「說得好！說得好！」其他所有的鴕鳥都激動地叫喊起來，除了奧利弗。

「我們用四個腳趾走路，而人需要十個。」這只老鴕鳥提醒年輕的鴕鳥們說。

「可是人可以飛上月球，而我們卻根本不能。」奧利弗評論說。

老鴕鳥嚴厲地看了看奧利弗說：「因為地球是圓的，所以很快後者就會趕上前者，發生相撞。所以人才想去月球生活。」

「說得好！說得好！」其他所有的鴕鳥都叫喊起來，除了奧利弗。

「在危險的時刻，我們可以把頭埋進沙子裡使自己什麼都看不見，這是我們值得驕傲的資本，」老鴕鳥慷慨激昂地說，「別的物種都不能這樣做。」

「既然把頭埋進沙子中，我們怎能知道人家不能看見我們？」奧利弗反問道。

「胡扯！」老鴕鳥叫道，除了奧利弗其他所有鴕鳥都叫道：「胡扯！」可他們並不知道奧利弗所說的話是什麼意思。

就在這時，鴕鳥們聽到一陣令人驚慌的奇怪的聲音，於是，除奧利弗外，其他鴕鳥都按照老鴕鳥所囑咐的迅速地把頭埋進沙子裡，直到這群狂風暴雨般的野獸過去。

當奧利弗出來後，四處看不到同伴的身影，只有一片沙子、白骨和羽毛。奧利弗開始點名，可是沒有任何回答。奧利弗的耳邊似乎還留著鴕鳥們自欺欺人的歡呼聲「說得好！說得好！」

造成老鴕鳥和他的盲從的弟子們「全軍覆沒」的原因就是鴕鳥們心中的自大自滿。正是這種近似於無知的優越感會矇蔽了它們的心靈，混淆了它們的視聽，從而使它們看不到周圍潛在的危險，最終遭受滅頂之災。

這個弱點，不單鴕鳥有，我們人類也有。生活中，不乏類似老鴕鳥那樣的人，他們常自以為是，陶醉於自己的優越感中，不論物質方面就連精神方面。他們唯恐天下人不知道他們富有，不知道他們地位有多高，因此，總是高音喇叭一樣走到哪裡張揚到哪裡。不可否認，每個人都有一定的優越感，可是，如果優越感太強，認為誰都比不上自己，因此而目空一切，聽不進不同意見，乃至過分張揚，就是修養不夠

第十一章　克服自大，低調處世

　　的表現，盲目自大自滿的結果是，自負通常也會選擇寄居。更可悲的是，如此，就會給對手和別有用心的人一個可以利用的機會，從而招致禍患。

　　提起巴黎的凡爾賽宮，可謂舉世聞名。整個宮殿以其外觀宏偉、壯觀，內部陳設和裝潢金碧輝煌、豪華奢靡而馳名世界，僅占地面積就達 110 萬平方公尺，其中建築面積為 11 萬平方公尺，園林面積為 100 萬平方公尺，是人類藝術寶庫中的一顆絢麗燦爛的明珠。

　　可是，修建這麼龐大豪華的凡爾賽宮，經費來自哪裡呢？據說很大一部分來自當時法國財政大臣富凱（Nicolas Fouquet）。那麼，是他自掏腰包嗎？當然不是，是他炫富的結果。

　　西元 1661 年 8 月 17 日，法國財政大臣富凱升任宰相。為了慶祝自己的高升，志得意滿的富凱在他新建的沃勒維特孔宮舉行了一次豪華的宴會。

　　這是法國歷史上最豪華的一次，不但參加人數眾多，而且貴賓檔次高，當時法國最顯赫的貴族和最偉大的學者、作家都參加了，而且富凱居然邀請到了法國重量級人物——路易十四（Louis-Dieudonne）。當然，為了博得路易十四的歡心和對自己的好感，富凱花費驚人，到處都是精美的食物、昂貴的餐具。

可是，出人意料的是，第二天一大早，富凱就被國王的衛兵就帶走了。三個月後，富凱被控竊占國家財富罪進了監牢。

原來，富凱這樣明目張膽地炫富把路易十四比下去了。路易十四一向傲慢自負，而且看到富凱居然貪汙腐敗這樣嚴重，於是憤怒之下就抄了富凱的家，把他的萬貫家產用來修建了凡爾賽宮。可憐的富凱，在囚房中悽慘地度過了人生最後 20 年。

一個富可敵國顯赫一時的人物落到了這樣悲慘的下場就是因為過分張揚的結果。

不論在官場還是在職場，不論居於怎樣顯赫的位置，如果天生就有愛張揚的個性，就要開始有意識地改變自己驕傲自大的弱點，那麼才可以避免意外橫禍。

比如，在職場中，為了和同事們搞好關係，即使前一天加班到深夜，第二天也要準時到；遇上那些飯店應酬、會議發言等可以露臉的活動，不要一馬當先，當仁不讓，而是謙讓給資深的同事；上班期間，少穿那些價格奇高、款式時尚的服裝，可以讓給那些需要應酬的朋友……總之，優越感再強的人也需謹記，時時保持一顆謙虛、謹慎、清醒的心。

當你收斂了張揚的個性，學會謙遜待人，低調處世，人緣關係就會漸漸好起來，就能在卓越與狂妄之間取得最佳平衡。

第十一章　克服自大，低調處世

不做自滿的「半瓶水」

　　自滿就是自己對自己滿意。

　　如果是自己真的很有資格，擁有超凡的智慧和能力，那麼，這種優越和成功感讓人滿意無可厚非。誰不希望自己取得令人矚目的成就呢？可是，如果是能力本不足以自滿，錯誤地衡量了自己的能力，「一瓶子不搖半瓶子搖響」，這樣的人是很可悲的。

　　下面故事中的鸚鵡就屬於半瓶水的類型。

　　一隻鸚鵡趁主人清洗鳥籠，跑了。

　　鸚鵡來到森林裡，見鳥兒們正在開聯歡會，便上前大聲說了一句：「大家好！」

　　「這是什麼鳥語？」有隻鳥驚訝地問。

　　「是人話！我的主人教給我的人話！」鸚鵡得意地對鳥兒們說。

　　「你真了不起！會說人話。」烏鴉羨慕地說。「啊！你還會說哪個國家的話呀？」其它鳥兒也紛紛圍住它。

　　「我還會說好多好多的方言土語呢！」鸚鵡見眾鳥兒都用崇拜的眼光看著自己，便愈發得意起來，於是又亮開嗓子，講了幾句人話，著實讓鳥兒們見識了一番。

　　「請問，你剛才講的人話是什麼意思呀？」這時，一隻夜鶯突然問道。「是啊！向我們翻譯一下。讓我們也學點外

語，可以保護自己。」其他鳥兒也紛紛嚷道。

鸚鵡沒想到，同伴們居然會提出這個要求，它低下頭，小聲說：「這個……這個……，我也不知道。」

「你連自己說的話都不懂，和傻瓜有什麼不同？」刻薄的啄木鳥開始諷刺她，眾鳥兒聽到也都哈哈大笑起來。

鸚鵡紅著臉，只好溜回了主人家。

俗話說：「真人不露相，露相不真人。」凡是張揚的多是半瓶水。這種半瓶水的自大者常常是視野狹隘的人，他們總是坐井觀天，不知道「山外青山樓外樓」的道理。因為家門口的人見識也有限，因此，就可以在「草包裡面當將軍」，在家門口充當英雄，吹噓一番。豈不知，如此，你可能會被人們崇拜一時，但人們絕不會崇拜你一世。因為，一旦你的「底細」都被抖光了時，你炫耀的結果恐怕只會為你帶來羞辱與嘲笑。

許多真正有有涵養的人，是不會在身上貼上招牌、到處炫耀自己如何如何的，相反，他們會以自己的實力讓人們佩服。

在百老匯劇場中，班克‧海德（Tallulah Bankhead）是位資深演員，她不僅演技精湛，而且聰明過人，具有豐富的舞臺經驗。可是，無情的歲月在她的臉上刻下了道道皺紋。

第十一章　克服自大，低調處世

　　誰都知道，演員是靠青春吃飯的，於是，那些年輕的演員們開始蔑視她了。

　　一天，班克·海德在後臺偶然聽到一位年輕女演員對眾人說：「都說班克·海德了不起，在我看來，實在沒什麼大不了。以我美麗的容貌，驕人的身材，隨時可以搶她的戲。」

　　這個年輕演員的確是一個很有發展前途的演員，但是，她的自大讓班克·海德無法忍受。於是，班克·海德從旁邊走出來，針鋒相對地說：「你說的沒錯，我的確沒什麼了不起的，不過說句不夠謙虛的話，我甚至不在臺上也可以搶了你的戲。」

　　這位年輕的女演員聽後不以為然，針鋒相對地說：「您過於自信了吧。」

　　班克·海德平靜地回答：「那我們在今晚演出時試試看。」

　　當天晚上，班克·海德在臺上表演女主角飲香檳的鏡頭之後，把盛著酒的高腳杯放在桌邊上，隨即退下場，留下那名女演員獨自演出一段電話對話。

　　那位年輕的女演員剛開始很陶醉，因為她容貌美麗、服飾華麗，這些都是她引以為傲的，可以大出風頭的。可是，她發現，觀眾注意的卻不是她，而是班克·海德退場時留在桌邊的傾斜的高腳酒杯。因為那個高腳杯有一半露在桌外，眼看就要

跌下去了，觀眾擔心、緊張，幾乎都注視著那個隨時都可能掉下來的高腳杯，沒有人關注那青年女演員在演什麼。

看到觀眾心不在焉的表情，女演員頓時失望至極。

原來，老練的班克・海德退場前用透明膠布把高腳杯黏在了桌邊上，她就是想用這種吸引觀眾注意力的方法，做到自己不在舞臺上也照樣能夠搶戲。

那位年輕的女演員不得不佩服班克・海德的智慧。演出結束後，她主動找到班克・海德，誠心誠意地承認了自己的錯誤。班克・海德也透過巧妙的方式改變了這個女演員目空一切的毛病，並且送給這位年輕的女演員一個筆記本。

在筆記本的首頁班克・海德寫下了這樣的話：「向尊長謙恭是本分；向平輩謙虛是友善；向下屬謙讓是高貴；向所有人謙和是安全。」

面對如此有實力的滿滿的「一瓶水」，相信那些「半瓶水」們應該有自知之明的了吧。因此，半瓶水們不妨擴大視野，看看天外天，長長見識。那樣，他們會發現在自己生活之外的地方，有太多強於自己的人，就不會再有那種不切實際的驕傲心理了。原有的驕傲自大就會變成積極的學習態度，希望自己會更努力去追趕。

因此，真正聰明的人，應當常為自己的無知或不如人而慚愧，即使自己確有才智，達到了一瓶水的程度，也需要提高自

第十一章　克服自大，低調處世

己的修養，不要四處出風頭，刻意地炫耀或展示自己，而是努力克制和忍耐住自己爭強好勝的心理，謙虛處世。請別忘了，任何人任何組織都有興盛衰亡的時候，即便，目前你處於上升期，但這種機遇不可能伴隨你終身。你必須時時警惕可能會隨成功而來的風險，它們隨時都有可能在你得意時發生。尤其是「半瓶水」們更需要有危機意識，不要得意忘形。

如果那些半瓶水能夠看到自己的不足，即便在成功面前也保持清醒的頭腦，那麼，沒有什麼能夠阻擋他們前進的腳步。

成熟的稻穗會低頭

自大自滿的人總是把姿態抬得很高，很少能做到謙虛。他們的內心總是被驕傲占據，感覺誰都不如自己，當然也不肯虛心向他人學習。

古人說得好：「滿招損，謙受益。」一旦覺得別人都不如自己，把自己想的太完美就容易驕傲，就難以發現前進的機會。

著名畫家達文西（Leonardo da Vinci）曾經說過：「淺薄的知識使人驕傲，豐富的知識則使人謙遜，所以空心的禾穗高傲地舉頭向天，而充實的禾穗則低頭向著大地，向著它們的母親。」因此，要糾正自己的弱點，可以學一下成熟的

稻穗，虛心一些。

有位學僧畫了一條龍，在雲端盤旋將下，雖然修改多次，卻總認為其中動態不足。適巧禪師從外面回來，學僧就請禪師評點一下。

禪師看後道：「龍的外形畫得不錯，但龍的特性卻不甚明瞭。這個龍頭太向前，頭的位置也太高了。龍在攻擊之前，頭必須向後退縮。龍頸向後的屈度愈大，就能沖得更快、跳得更高。」

學僧聽後歡喜地說道：「師父真是一語道破。怪不得我總覺得動態不足。」

為人處世也是同樣的道理也一樣，高姿態並非就能贏，要學會低頭，退一步才能沖得更遠。

當年喬丹（Michael Jeffrey Jordan）在公牛隊時，皮彭（Scottie Pippen）時常流露出一種對喬丹不屑一顧的神情，還經常說喬丹某方面不如自己，自己一定會把喬丹推倒一類的話等。因為皮彭是最有希望超越喬丹的新秀，他認為現在喬丹的光芒把自己籠罩了。可是喬丹沒有把皮彭當作潛在威脅而排擠，反而對皮彭處處加以鼓勵。

一次，喬丹對皮彭說：「我倆的三分球誰投得好？」

皮彭感覺喬丹明知故問，是挑戰自己，因此，不滿意地回答：「那還用問，當然是你唄？」

但喬丹微笑著糾正：「不，是你。你投三分球的動作規範，很有天賦；而我投三分球還有很多弱點。」並且還真誠地進一步解釋說：「我扣籃多用右手，習慣地用左手幫一下，而你，左右都行。」

　　這一細節連皮彭自己也不知道。這下，皮彭真誠地感受到了喬丹的誠意，改變了對喬丹的成見。

　　從那以後，皮彭和喬丹成了最好的朋友，在喬丹無私的幫助下，皮彭也成了公牛隊 17 場比賽得分首次超過喬丹的球員。

　　謙虛不僅是一種美德，更是智慧處世的要訣。謙虛就像蹺蹺板，壓低了自己這頭，對方就高了起來。如此，就會贏得朋友，贏得他人的支持和信任。

　　凡是那些在事業上取得成功的人物都是智慧處世的高手，他們不會自大自滿，他們懂得發現別人的優秀之處，也能夠欣賞他人。謙和、溫恭的態度常常會使別人難以拒絕自己的要求。越是自謙，取得的成功越多，而且這種態度也會贏得對手的好感，甚至把他們變為朋友。

　　鐘隱是五代南唐畫家，他家境富裕，從小學畫，年輕時便有名氣。但是他並不滿足於自己在山水畫方面取得的成就，一次，他聽說有個叫郭乾暉的人擅長畫花鳥，尤其是他所畫的鷙鶬，氣勢不凡，便萌生了登門求教的念頭。

　　誰知郭乾暉為人極保守，不但作畫躲著人，而且作品也不肯輕易拿出來，唯恐別人將他的技法學去。後來，鐘隱透過朋友聽說郭家要買家奴，便靈機一動，隱瞞了身分，改名換姓，到郭家當了奴僕，尋找求教的機會。

　　一切生活起居從來是由別人照顧的鐘隱，突然從富家子弟淪為家奴，要做那些從來沒做過的粗活，一天下來，累得腰痠腿疼。唯一使他感到安慰的是他看到了一些郭乾暉畫的畫，那可真是名副其實的上乘之作。於是，鐘隱想盡辦法，堅持不離郭乾暉左右，希望能親眼看見他作畫，而每次作畫，郭乾暉總是想方設法把他打發走。這樣，一連兩個月過去了，鐘隱還是一無所獲，但心中又總是懷有一線希望。

　　再說鐘隱的家裡，鐘隱賣身為奴去學畫的事情誰也沒有說。可鐘隱畢竟是個名人，每日高朋滿座，一次兩次，家人可以搪塞過去，時間一長，也不是辦法。鐘夫人下定決心，通知親朋好友，非要把兒子找回來不可。

　　一天，郭乾暉外出遊逛，聽說名畫家鐘隱失蹤兩個月了，再聽人家描述鐘隱的歲數和相貌，覺得跟家裡的那個年輕人相像，他也正好來家裡兩個月，於是，郭乾暉恍然大悟。

　　「不過他倒真是個好青年，能帶這樣的學生，是老師的幸運，我也就後繼有人了。」想到鐘隱為了學畫，一個富家公

子，一個頗有名氣的畫家居然為了學畫能賣身為奴，郭乾暉被深深感動。他的畫藝也開始向鐘隱敞開大門。

一代大畫家鐘隱，憑著自己謙虛好學、不恥下問的精神，終於敲開了郭乾暉畫藝的大門。

唐朝一位名叫布袋和尚的僧人寫過這樣一首詩：「手把青秧插滿田，低頭便見水中天；心地清淨方為道，退步原來是向前。」「低頭便見水中天」。不論任何時代，謙虛低調都是為人處世的法寶，也是自己上進的階梯。在目前發展市場經濟的時代，企業在挑選自己的接班人時也諄諄告誡他們，要謙虛。

鋼鐵大王卡內基（Andrew Carnegie）曾給一位即將登上經理之位躊躇滿志的年輕人這樣的勸告：「這個位置很適合你，你也有能力做好這份工作。不過，別忘了，你並不是一個不可取代的人，在你感覺情況還不錯的時候，要盡量冷靜地思考一陣，你的幸運可能是你有好的機會，交上了好朋友或是對手太弱。一定要保持足夠的謙虛，不然的話現在有 12 個人可以勝任這個職位，我相信他們當中一定有一兩個會做得比你出色。因此，千萬不要自以為是。」

越是前途無量、風光無限的人，越需要保持謙虛低調的姿態。低下頭來，才能真正地認識自己，認識世界。特別是那些優越感十足的人更應該引以為戒。

不要熱衷於逞能

一個人若無能，當然沒有人看得起這樣的窩囊廢。特別是身處在這個高效率、快節奏、強競爭的社會，你若是一直默默無聞，很快就會被貼上庸才的標籤而得不到重用。不用說三年不鳴，就是三月不鳴，單位也會把你炒魷魚。可見，人有能並不是一件壞事。

可是，有能並不一定非要表現出來，如果不分場合、不反時機地過分地表現出來，這就是一般人說的「逞能」。

若是逞強，則易釀成大禍。能力猶如鋒芒畢露的寶劍，你如果遇見任何人，任何事都無法克制自己，都想要比劃兩下，表現一番，即使不去傷別人，不想害自己，也會導致寶劍變鈍。而且，你的寶劍因為人人得以看見，就會大大貶低你的價值。時機不到，過早暴露自己的鋒芒就不是明智的做法。

而且，那些熱衷於逞能的人，即使是碰上自己沒有把握的事情，也容易因為過高地估計自己的能力、或顧忌面子問題而霸王硬上弓。其結果，十有八九是會把事情搞砸。

三國時期，群雄四起。在亂世之下，大家都想當皇帝。又都不敢帶頭。在這種情況下，第一個出頭的人是袁術。

當然，袁術在當時不論從軍事裝備的配置上，還是從擁有的人力資源上，從自己占據的地盤上說，都有自大的資

273

格。因此，袁術以為只要他一搶先稱帝，便占了上風，別人也就無可奈何。可是，在群雄割據、勢力相當的情況下，誰挑起這個頭，誰就會成為眾矢之的。在這方面，袁術的政治頭腦比不上曹操。

當時，曹操是最有資本稱帝的。但是，當孫權力勸他稱帝時，他一眼就看穿孫權的鬼心眼，認為他是想把自己放在火上烤。袁紹他們懂這個道理，因此儘管心裡癢癢的，也只好忍住。可是，偏偏袁術自大自滿，要表現一番自己的才能讓天下人知道，於是迫不及待跳出來了。當時，在袁術剛起稱帝念頭時，就有不少人勸他不要去搶這頂荊棘編織的皇冠，帶上就知道會怎樣扎頭。可惜這些逆耳忠言，袁術全都當成了耳邊風。

結果，袁術一宣布稱帝，曹操、劉備、呂布、孫策四路人馬立即舉起聲討的大旗。其時正當六月，烈日炎炎，戰敗的袁術想喝一口蜜漿也不能如願。袁術獨自坐在床上，嘆息良久，突然慘叫一聲說：我袁術怎麼會落到這麼個地步啊！喊完，倒伏床下，吐血一斗多死去。

一代威風凜凜的軍閥諸侯落到了這步田地。這都是他在盲目自大的心理下，不懂得韜光養晦、非要強出頭造成的。

一般來說，凡是自大的人當然都有兩下子，因此也免不了要表現一番。因此，社會中，越是強人，越免不了要自

大，越喜歡表現一番。可是，「心急吃不到熱豆腐」，做任何事情都需要把握時機。你的能力只是主觀上的，但是，成功需要來自他人和社會環境等客觀方面的支持，不論是自己創業還是要贏天下這樣一番大業都是同樣的道理。因此，我們說：能力要露，但不能「逞」。

俗話說：「出頭的椽子先爛。」過於暴露自己的才能和智慧，對自己極為不利，當條件不具備、他人不認可時，你沒有太大的影響力，容易受到有妒忌之心的小人的攻擊，因此，要擇機而動。因為還沒有掌握表現自己的火候。

但凡歷史上的名人有能力的人，英雄豪傑，雖然身懷絕技，但是也明白這個道理。他們為了贏得勝利，不輕易地暴露和表現自己的才能。

在這方面，明朝的開國皇帝朱元璋很有一手，特別值得那些身居高位又有一番表現欲的領導們學習。

當朱元璋起兵攻打下現在的南京後，採納了謀士朱升的建議，打出了：「高築牆、廣積糧、緩稱王」的旗號。緩稱王是做好輿論工作，不讓自己成為別人攻擊的目標。至於高築牆是做好預防工作，不讓別人來進攻自己；廣積糧是做好準備工作，準備好兵、馬、錢、糧。這些都是為自己稱王做好準備工作。等到萬事俱備，天下安定，老百姓能夠安居樂業，看到了他的能力，稱王就是順其自然的了。

因此，「高築牆、廣積糧、緩稱王」這個九字真經，可以說是朱元璋成就帝業之本。

　　那麼，一個人是否就應該將能力深藏呢？ ── 否也。能力的鋒芒若永久深藏，與沒有能力的庸人又有什麼差別？因此，該露則露，該藏則藏，在適當的時候顯露出自己的能力，讓周圍的人看到能力超卓的你，可以贏得來自周圍的信任與信服，並擁有更多發展的機會。這樣，也可以避免盲目的自大自滿。

第十二章
克服浮躁，練就定力和耐力

第十二章　克服浮躁，練就定力和耐力

浮躁是一種衝動性、情緒性、盲動性相交織的病態社會心理，主要症狀表現為如下幾種：心神不寧、心裡沒底，對未來十分的恐慌，對前途也失去信心；不但情緒非常急躁，而且急功近利；因為焦躁不安還往往會使情緒掌控著理智，使行動過於盲目。

總之，浮躁是一種並不可取的生活態度。一旦心態浮躁，就很容易迷失人生的方向，從而步入歧途。因此，要戰勝浮躁，首先需要靜心；其次，需要堅定不移的定力和耐力。這樣才有利於選對人生的位置，才會腳踏實地，累積一定的經驗和經歷，用持之以恆的意志力贏取一份希望，收穫一份成功。

浮躁會導致好高騖遠

在追求速度、效率的時代，不可否認，人們的心態普遍浮躁。

往往多了急躁，少了冷靜；多了好高騖遠，少了腳踏實地；多了急於求成，少了耐心和定力……

那麼，這種浮躁心態是如何產生的呢？除了家族遺傳的性格急躁的特徵外，很大程度上是對自己期望值過高造成的。於是，就產生了這山望著那山高、好高騖遠的心理障礙。

特別是年輕人，不論在擇業還是就業時都容易出現挑三揀四、好高騖遠的現象。他們在擇業時，不顧自己的實際情

況，一心只想進待遇好、賺錢多的大城市、大機關，或沿海發達地區，不肯在能發揮自己才能的小地方，靜下心來工作和學習，甚至為了暫時的功利寧可拋棄所學的專業。雖然他們得到了暫時的利益和滿足，但從長遠看，這樣對他們的職業生涯並沒有什麼益處。因為那些地方人才濟濟，他們不可能得到全面的發展。而且在這種浮躁心態的影響下，他們把跳槽當成了習慣，一旦有更好的位置還是走為上，沒有踏踏實實學到實在的本領。

在就業方面表現，就是面對職位挑三揀四、眼高手低。他們總是這山望著那山高，總覺得別人的餅比自己的米飯香。總認為還有一個更高的職位才值得自己全力投入，而現在的工作太平凡，太簡單，自己是大材小用。幾年後，看起來似乎樣樣通，結果卻是樣樣不精，與同行們就會拉開距離。

雖然，從職業的角度來看，由於主客觀原因所致，一個人難免也要調換幾次工作。但是如果這種跳槽單純以薪資為導向，不是依託於整體的人生規劃，其結果，不能使自己的工作經驗得到延續和增加，會逐漸喪失職業競爭力。最後，這些浮躁心態所導致的結果，就會像下面故事中的蒼鷺一樣可憐。

一天，天氣晴朗，風和日麗，河水清澈見底，一隻蒼鷺邁著兩條細長腿正往河邊走去。在這樣的日子裡，魚兒們總會來這裡游水嬉戲。於是，蒼鷺的心情也特別高興。

第十二章　克服浮躁，練就定力和耐力

　　果然，過了一會兒，一些冬穴魚就從水底跑到水面上玩耍來了。可是這些魚不合蒼鷺的胃口，它最喜歡吃的是狗魚和鯉魚，於是，蒼鷺不屑一顧地自言自語：「讓我這樣英勇高貴的蒼鷺，吃這麼瘦的冬穴魚？簡直是笑話！」

　　不久又來了一條小巧玲瓏的菊魚。蒼鷺又說道：「這麼一丁點可憐的東西也值得我動口？簡直是對我莫大的侮辱！」

　　不知不覺，太陽已經西斜。這時，蒼鷺還不甘心地伸著長頸向河中張望。可是，魚群都潛到水底歇息去了，蒼鷺餓得發慌，只能望眼欲穿地等待著。不知等了多長時間，終於有一隻小蝦米跳出河面，蒼鷺感到幸福極了。可是，還沒等它長長的脖子彎下去時，敏捷的小蝦米看見了河面上的影子就迅速逃跑了。結果，可憐的蒼鷺一隻魚蝦也沒得到。

　　這只蒼鷺總是挑三揀四，試圖得到最好最大的。誰知，過高估計了自己的能力，竟然連一隻小蝦米都沒有得到。這就是好高騖遠的結果。

　　不僅在工作中就是在生活中，人們一旦好高騖遠，也會不懂得珍惜自己擁有的，結果，情緒戰勝了理智，在盲目心態的支配下，每天都在向擁有地位和財富的人們看齊，終日會處在抱怨甚至攀比造成的又忙又煩的應急狀態中，忘記了自己到底適合幹什麼？

　　由此看來，好高騖遠是一種並不可取的生活態度。人們

長期處於這種複雜的狀態中會失去對自我的準確定位，使人隨波逐流、盲目行動。無論是名不見經傳的普通人，還是取得一時成就的人物，一旦心態浮躁，就很容易迷失人生的方向。因此，如果你發現自己身上也存在這種弱點，一定要想辦法戰勝它。

◆ **靜心**：要戰勝浮躁，首先需要靜心，有一顆不隨波逐流、漂移不定的心。雖然在現代化高速發展的社會中，人們要想做到「心靜」實際上是很不容易的。很多人由於工作壓力大，生活不順心而變得心浮氣躁，心慌意亂。可是，越是這樣下去，生活越會雜亂無章，甚至偏離你原來的方向。因此，要有意識地抽出一段時間，讓自己遠離喧囂，傾聽自己內心的聲音。只有心靜下來才能對自己做出冷靜分析。

◆ **冷靜分析**：要分析自己的起始點，也就是要分析自己現在所處的境況和條件，清楚自己所處的位置後再規劃自己的未來。這樣不至於偏離自己的成功軌道。

◆ **具備定力和耐力**：其次，戰勝浮躁，需要定力和耐力。但凡好高騖遠的人都是沒有定力和耐力的人。因此，他們常常在選擇之間左右搖擺，不肯踏踏實實在一個職位上堅持做下去。因此，要改變自己的弱點就需要對自己的職位有充分的認識，強制自己在一個職位上腳踏實地

地做一段時間，並且每一步都做到位。當你用頑強的意志力戰勝自己時，你會發現自己職位的樂趣。這樣也有助於改變自己好高騖遠的心理狀態。

總之，只要你能靜下心來，冷靜清醒地認識自己，根據自己的實際情況，設定合適的目標後才開始行動，就會克服好高騖遠的盲目追逐，才會離自己的理想更近一步。

急於求成往往會適得其反

浮躁的表現多種多樣，其中一種就是急功近利、急於求成。急功近利的人總是期待著上帝的眷顧，幻想著一夜之間能成為「超級女明星」或「超級男明星」，紅遍大江南北，幻想著一天之內財源滾滾而來；或者立竿就能見影，馬上就能成為著名的科學家或者文學家。以至於連累積的時間都沒有，甚至等不及明天，馬上就要兌現自己的理想。結果除了盲目的奔波之外，並沒有任何收穫。

從古至今，沒有人能在急於求成的渴望下就能美夢成真。

有位一心想學佛的人請教一位禪師：「如果我每天像你一樣打更唸佛，需要多久才能夠成功呢？」大師回答：「最快也得 10 年。」

年輕人感覺時間太長了，又問：「如果我晚上不去睡覺都用來唸佛，需要多久才能夠成功？」禪師回答「15 年。」年

輕人吃了一驚，繼續問道：「如果我白天黑夜都用來習讀佛經，吃飯走路也想著，又需要多久才能成功？」

大師微微笑道：「那你今生與佛無緣了。」年輕人愕然，怎麼也想不明白這其中的奧祕……

這位年輕人就是急於求成的典型。

俗話說「心急吃不上熱豆腐」，人在著急的情況下在思維和行動上很容易會做出錯誤的決定。凡事都有其一定的規律，只有一步步地累積，才能達到質的飛躍：如果心態浮躁，不但出不了成果，反而延緩了成功的速度，甚至產生許多負面影響。生活中有一些人之所以沒有什麼成就，原因之一就是浮躁。他們典型的表現是：在決定做一件事情時，表現得很興奮、很激動，想像著美好的前景，並希望盡快到來。結果，由於過於著急導致盲目地做出決定，而這種決定大多都會偏離正確的方向，甚至背道而馳，滑向失敗的泥潭。

企業中有許多心態急躁的老闆，做一件事情就恨不得馬上做好。以至於顧不上仔細分辨出真正通向成功的道路，結果，走得越快、越堅決，就越與目標南轅北轍，離目的地越來越遙遠。有些人如果陷入盲目追求進步的錯誤之中，甚至會導致更多的新問題發生。

在企業的發展過程中，有些處於起步階段的企業，恨不得一步登天。結果，置消費者的利益於不顧，甚至不惜走到

第十二章　克服浮躁，練就定力和耐力

投機取巧、偷工減料的道路上去。這樣看來，雖然短時間賺了可觀的額外利潤，但是這種短期行為是不可能長久的，這其實就是在進行自殘自廢，最終必然付出沉重的代價。

人們常常說，成功與失敗，平凡與偉大，往往就在一步之間，因此，凡事急不得。如果急功近利，急於出名，急於出成效，自然會出現越軌行為，這對自身長遠的形象來說也是極大的損害。而且，急於求成只能是「欲速則不達」。

雖然，在追求速度的時代，人難免有浮躁的時候，特別是年輕人，追女朋友急、找工作急、升遷急、加薪急、創業急、買房急，急得不得了。可是回過頭來，發現急有用麼？大多都適得其反。人生就是比賽，如果太想得冠軍，太想一舉成名，進取心太強，反而可能會適得其反，弄巧成拙。或者因急於求成，訓練中運動過量，造成損傷，無法參賽；或者因為壓力太大，精神過於緊張，比賽發揮失常。因此，這些人永遠也無法品嚐到成功的甘美。

而且急於求成、急功近利的人往往會因為心態浮躁，工作中不是草率馬虎就是因為缺乏恆心和耐力，一旦看不到自己所渴望的結果時就半途而廢，難以堅持到底。如果他們一旦養成了有始無終、半途而廢的習慣，就有可能永遠無法出色地完成工作。可見，急於求成會給自己的生活和工作都帶來一定的影響。因此，如果你認為自己的工作能力並不比別人差，但工作成績卻遠遠落後於別人，不要抱怨上司對你不

公平，也不要懷疑是不是有其他人從中作祟，而要問問自己是否有急於求成的弱點。

雖然，進入網路時代以來，世界發展日新月異，速度日益加快。心態浮躁是普遍的現象。然而，決心獲得成功的人都知道，進步是一點一滴不斷地努力得來的，就像房屋是由一磚一瓦堆砌而成的一樣，每一個重大的成就都是有一系列的小成就累積而成的。萬丈高樓平地起、不積跬步無以至千里。目標再遠大，計劃再巨大，也需要分步來走，想要達成任何目標都必須按部就班做下去才行。一點一點的累積才是成功的保障。如果步伐邁得過大，會產生難以實現的感覺，也會給自己的發展帶來風險。

「生命的獎賞遠在旅途終點，而非起點附近。」只有安於工作，不祈求「一步到位」，但求「步步到位」，這樣，才能為成功打下良好的基礎。

目標專一才能成就事業

浮躁的人經常變換目標，很難目標專一，結果，在太多的領域內都付出努力，難免會分散精力，阻礙進步，最終一無所成。

有些人依仗著自己年輕氣盛或者財大氣粗，追逐許多目標；或者不等一個目標實現又開始追求新目標，結果，每一個都沒有圓滿實現，都是草草收場。原因就是心態浮躁，不

第十二章　克服浮躁，練就定力和耐力

專注、專心。他們時常對自己堅持的信念沒有足夠的信心，忘了想自己真正要的東西，結果也就無法達到成功的結局。

有一位建築商，先是承包一些開發商的小工作。後來，他看到開發商利潤大，隨著實力增加，開始施工小地區的房地產。不但開發一棟，而是兩棟甚至成片。在小地區房地產沒有完工時，又看到外商興起開發別墅的熱潮，又一腳踏進去。他當時說：「刺激得很，我在試驗自己的極限。」

有一天，銀行來了通知，說他擴張過度，冒了太大風險，並停止給他信貸。

起初他怨天尤人，埋怨銀行，埋怨經濟環境。最後他說：「我明白是我做事太三心二意。」

結果他重定目標，—— 開發中低檔住宅。他熬了好幾年，終於又慢慢振作了起來。如今，做事也更有目標性了，不做完一個，不會著手去做第二個。

未來的世界的確很精彩和豐富，充滿了誘惑力，因此，在選擇面前我們往往會感到茫然無措。可是，選擇越多，無法專注於一件事，最後越容易在其中迷失。那樣，不但資金和資源捉襟見肘，自己的精力和時間也不允許，疲於應付會拖垮自己的身體。

不論做什麼工作，如果不專注，不能向著一個目標跑，結果，目標分散就無法達到成功。

　　成功的跑道由專注鋪成。一個人在某一個時期或一生中一般只能確立一個主要目標，而不能經常變換不定，三心二意。

　　「一個目標的制度」很簡單 —— 你一次只集中處理一個目的以提升你的效率。比如，當你吃東西時，就不要閱讀，不要想別的事情，也別去熨燙你的衣服，只專注於你吃的東西，認真地品嚐它的味道，它的口感質地，並且要細嚼慢嚥。千萬不要同時做好幾件事，它會分散你的注意力。僅僅做好你正在做的事，其他的什麼也別管。儘管剛開始，你可能會把事情弄得一團糟，不過沒關係，不斷地練習，久而久之，你就會只集中精力於完成一個目標。那麼，你就會感受到簡單工作的快樂。當然也不要忘了為自己每個細小的成功而喝彩。

　　也許有人會說，我可以保證自己每天只完成一個目標，可是，如果上司要求完成另外的任務，怎麼辦呢？

　　如果上司交代的任務和你的任務毫不沾邊，那麼，你可以做自己認為重要的事情，然後做上司布置的；也可以先溝通，向你的上司說明你的計劃、你的想法；或者，在不耽誤自己任務完成的情況下悄無聲息地努力去做。總之，不管你手頭是否還有其它任何事情要做，只要你能保證每天完成這三個任務，那你就等於度過有意義的一天。如果每天超過三項，就不能確保工作的進行了。

這種方法也有助於培養自己的專注。

　　可能有些人覺得自己精力充沛，愛好廣泛，難道不能盡可能地多掌握一些知識技能嗎？可以。這樣做要掌握的重要方法就是，學一行，精一行。否則，雜而不精是事業發展中一個最致命的弱點。

　　有個青年苦惱地問法布爾（Jean-Henri Fabre）：「我愛科學，可我也愛文學，同時對音樂和美術我也感興趣。我把自己的全部精力都花在我愛好的這些事業上了，結果卻收效甚微。我該怎麼辦呢？」

　　法布爾從口袋裡掏出一個放大鏡說：「把你的精力集中到一個焦點上。」

　　聚焦就是把注意力集中到某一方面，全神貫注。聚焦，就是要把你的意識、意願、意志的「焦點」集中於一個目標，以產生最大的效果。這個道理，不僅對要成就自己一番事業的人來說適用，對於動物界的生存也同樣適用。

　　草原上有一頭獅子，看見了一群羚羊，便追了上去，但他只追最小的一隻，為什麼？獅子爆發力強而耐力不足，追小的更容易成功。如果獅子心態浮躁，不追小羚羊直追更大的，或者去追那些比羚羊更有價值的，四面開花，最後可能會什麼也得不到。因此，只追最小一隻，成功的機率比追大只羚羊來的大。

美國有一句諺語：「當一個人知道自己想要什麼時，整個世界將為之讓路。」這就是專注的力量。專注的人不會朝秦暮楚地跟著感覺走，他們有一種永恆的定力，在各種時尚潮流面前他們不會左右搖擺，更不會發出「外面的世界很精彩，這裡的世界很無奈」的感慨。他們是「做我自己」的偏執狂，正是這種遠離浮躁的標新立異是他們成就一番事業的超級密碼。

特別是在面對新的機會和挑戰時，更要選擇適合自己的，集中做好一件事。只要能專注於自己的專業，哪怕每天只有一點突破、一點改善，只要在自己的專業中能持續做下去，你就會掌握許多技能和知識，迎來事業的超越。

腳踏實地才能走遠

通常，浮躁的人不是在好高騖遠的夢想的天空遨遊，就是做事東一榔頭西一棒子，從來不肯腳踏實地，這也是導致他們常常失敗的原因。任何成功都不會是一蹴而就的，因此，掌控自我首先需要從腳踏實地做起。特別是對於那些初入社會的人來講，不管被指派的工作多麼不重要，都應該看成「使自己向前跨一步」的好機會。

曾經風雲國際商界的惠普公司（Hewlett-Packard Company）的前董事長卡利・奧菲莉娜（Carly Fiorina）在這方

第十二章　克服浮躁，練就定力和耐力

面算得上一個很好的例子。

　　奧菲莉娜畢業於美國赫赫有名的史丹佛大學（Stanford University）。在那裡畢業的大學生個個都是傲氣十足，一心直盯著主管或者高階的職務。可是，奧菲莉娜找到的第一份工作是到一家房地產投資經紀公司做「接線生」。

　　儘管這個工作就是簡單枯燥的電話、打字等等，儘管人們認為這不應該是一個史丹佛大學生應該做的，可是，奧菲莉娜卻做的很認真。她認為，任何事情都能讓自己學到不少東西，學到工作需要的知識與技能，關鍵是踏踏實實用心做好。

　　正是在這些簡單的最基層的工作中得到了鍛鍊，累積了一定的文書經驗，後來，奧菲莉娜在得到撰寫文稿的機會時，一舉脫穎而出。對此，奧菲莉娜認為，是自己「接線生」工作，幫助她得到了一次徹底改變自己的機會。

　　由此可見，不論做任何事都要腳踏實地。雖然並不是每一次單調的工作中都能得到出類拔萃的機會，但是，如果一開始就不想從基層做起，那麼很有可能會和本來可以屬於我們的機會訣別！因此，要想成功，就要珍惜眼前所擁有的，就要腳踏實地工作。不管你現處在何種位置，或是將來要處在何種位置，只有立足本職工作，才能展現出自己的價值。否則，就會連眼前的東西都掌握不住，失去成功的最基本的前提與條件。

腳踏實地才能走遠

　　馬東大學畢業後被分配到一個大型工廠辦公室工作，雖然有許多檔報導之類的文稿需要他起草校對，雖然辦公室主任善意地提醒他，有才華還需要練好基本功，建議他從最基本的標點、字詞開始。但是他並不安於現狀，認為這些不重要，也不值得重視，一心想尋找更好的發展機遇。於是在一家新創辦的報紙應徵記者時他就偷偷地跑去報考，結果他憑著自己曾經發表過的文章一舉考中。可是，在工作後，老編輯在校對文稿時發現他的文章中有一些錯別字和句法不通順的地方，就不斷向社長反映這個問題。可是，馬東還是不以為然，認為這純屬小題大做，還是我行我素，忙著往那些最顯眼的單位跑，爭取出最亮眼的新聞。可是，結果他被辭退了。

　　此時，馬東很後悔自己當時沒有聽取辦公室主任的建議，把自己的基本文字功夫扎扎實實學到家。

　　腳踏實地不僅對於自己的工作經驗的累積有所益處，即使對於為人處世來說，也是人們信賴的資本。因為浮躁的人常常是流於形式主義，一知半解，不能深入了解事物的真相，因此，也容易誤導人們，而腳踏實地的人處處給人一種穩重可靠的感覺。正因為人們相信他們，從而也會把一些責任託付給他們，他們自己也可以從中得到歷練。那些之所以能在平凡的工作職位上作出不平凡業績的人們都是因為他們腳踏實地的樸實作風給人良好的印象，因此上級才會對他們

第十二章　克服浮躁，練就定力和耐力

委以重任。他們自己在其他方面的才華也得以逐漸顯露出來。

因此，不論做人還是對待工作，都需要腳踏實地，一步一腳印，不浮華、不吹噓。只有腳踏實地、一步一腳印，從小處著手，從原地踏步，有量的累積才會有質的飛躍。否則，如果浮躁狂妄、投機取巧，不作艱難而漫長的原始累積，理想永遠也無法實現。

持之以恆才能創造奇蹟

浮躁的最大特徵就是沒有定力和耐力，當然更做不到持之以恆。在他們看來，堅持就能取得成功嗎？因此，也就輕率地放棄了。

麥當勞王國的締造者克羅克（Artemis Bryn Crock）曾有一句經典的話：「世界上沒有什麼可取代持之以恆。才幹不行，有才幹的人不能獲得成功的事司空見慣；天賦不行，沒有回報的天賦只能成為笑柄：教育不行，世界上到處都有受過教育卻被社會拋棄的人。只有恆心和果敢才是全能的。」

「持之以恆」這四個字說起來容易，但是做起來卻是非常之難。哪怕是一件小事。

很多年輕人都曾經向蘇格拉底請教，如何才能擁有博大精深的學問和智慧。這時候，蘇格拉底總是告訴他們：「你們先回去每天做 100 個俯臥撐，1 個月後再來我這裡吧。」

　　年輕人一聽，都笑了，他們認為這是再簡單不過的事情了。可是，1個月後，重新去找蘇格拉底的人卻少了一半。蘇格拉底看了看，這時來的這一半人說：「好，再這樣堅持1個月吧。」結果，又1個月後，回來的人已不到1/5了。

　　簡單的俯臥撐是如此容易，但是要做到持之以恆也是如此之難。更不用說做大事了。因此，心態浮躁的人需要有意識地培養自己的定力和耐力，克服自己浮躁的弱點。

　　要克服浮躁就需要有頑強的意志力，勇於堅持、善於堅持，相信持之以恆的力量，相信持之以恆能創造奇蹟。同時還要輔以必要的訓練，來鍛鍊自己的耐力。

　　心態浮躁的人，不妨從身邊的小事情開始，有意識地培養自己持之以恆的耐力和定力。總有一天，你會發現，自己就像下面故事中的主角一樣，持之以恆的堅持會帶來意想不到的驚喜結局。

　　桑尼是一個沒有耐性的孩子，做什麼事都是三分鐘熱度。

　　父親為了幫助他改變這個缺陷，一天，把小桑尼叫到眼前，給了他一塊木板和一把小刀，並對他說：「你每天在這塊木板上刻一刀，只準刻一刀。」

　　桑尼覺得這是一個很好玩的遊戲。從此以後，每天都會在木板上用小刀刻一刀。

　　可是，僅僅過了幾天，桑尼就覺得不耐煩了，他問父

第十二章　克服浮躁，練就定力和耐力

親：「為什麼不讓我多刻幾刀呢？我實在不知道您到底想讓我做什麼。」然而，父親只是笑著對他說：「過幾天你就知道了。」只是「過幾天」，桑尼感到有希望。而且看父親一臉神祕的表情，難道結果很有趣嗎？於是，小桑尼照著父親的話做下去。

這一天，桑尼照往常一樣把刀劃了下去，然而，奇蹟發生了：木板居然被切成了兩塊。連桑尼自己也沒想到，這麼厚重的木板居然被自己薄薄的小刀切開了。

這時，父親走過來對他說：「你看，成功是不是很簡單啊？你一直努力，就可以得到自己想要的結果。這就是持之以恆的力量。」

這個神奇的遊戲後，桑尼相信了持之以恆的力量，在學習中，每當遇到難題，他也會借助這個神奇的力量來幫助自己。結果，他發現沒有什麼是不可征服的。

浮躁的人常常朝三暮四、做事不能善始善終，缺乏定力，遇到困難也往往先當逃兵。因此，要培養自己持之以恆的耐力和定力，也需要從成功人物身上汲取力量。凡是歷史上那些成大功、立大業的人物，都有一個共同的特點：那就是堅持，不達成他們的理想、目標、心願就絕不罷休。因此，我們也可以以他們為榜樣，鍛鍊自己堅強持久的意志力。

　　信守一份執著，就是信守一份希望。因此，越是在困境時越要凡事有自己的眼界，有自己的胸懷，有自己的判斷，堅定自己的信念，堅守一種嚮往，相信自己的堅持能夠成功。這樣才能擁有一顆明智的慧眼、清澈的心靈，甘受寂寞，遠離物欲，用持之以恆的意志力戰勝自己臨陣脫逃、搖擺不定的浮躁心理。

電子書購買

國家圖書館出版品預行編目資料

鎖在內心小房間，久了都不知道自己有多廢：
拒絕懶惰 × 剷除自卑 × 拔掉嫉妒，狙擊人性
弱點，發光發熱不再遮遮掩掩 / 莫宸，原野編
著 . -- 第一版 . -- 臺北市：崧燁文化事業有限公
司 , 2023.01
　　面；　公分
POD 版
ISBN 978-626-332-920-1(平裝)
1.CST: 成功法
177.2　　111018647

鎖在內心小房間，久了都不知道自己有多廢：拒絕懶惰 × 剷除自卑 × 拔掉嫉妒，狙擊人性弱點，發光發熱不再遮遮掩掩

臉書

編　　　著：莫宸，原野
發 行 人：黃振庭
出 版 者：崧燁文化事業有限公司
發 行 者：崧燁文化事業有限公司
E - m a i l：sonbookservice@gmail.com
粉 絲 頁：https://www.facebook.com/sonbookss/
網　　　址：https://sonbook.net/
地　　　址：台北市中正區重慶南路一段六十一號八樓 815 室
Rm. 815, 8F., No.61, Sec. 1, Chongqing S. Rd., Zhongzheng Dist., Taipei City 100, Taiwan
電　　　話：（02）2370-3310　　傳　　　真：（02）2388-1990
印　　　刷：京峯彩色印刷有限公司（京峰數位）
律師顧問：廣華律師事務所 張珮琦律師

定　　　價：375 元
發行日期：2023 年 01 月第一版
◎本書以 POD 印製